Okuyama Tadanobu
Poverty and Inequality:
A Dialogue between Piketty and Marx

貧困と格差

ピケティとマルクスの対話

奥山 忠信 [著]

社会評論社

貧困と格差──ピケティとマルクスの対話
目次

はじめに —— 7

第1章 格差の時代 —— 10
あの時期は例外だった 10 ／U字型曲線が秘密を握る 11
ピケティの資本家 14 ／格差の広がり 14
1%の富裕層 18 ／富豪、そして世襲 20
資本主義の倫理 22 ／ピケティの提案 23

第2章 r＞gを読み解く —— 27
r>gの呪文 27 ／歴史的事実としてのr>g 29
もう少しr>g 30 ／r<g？ 32
分配の問題を経済学の中心に戻す 34 ／第1の基本法則 $\alpha = r \times \beta$ 35
資本／所得比率 β 37 ／第2の基本法則 $\beta = s/g$ 40

第3章 ピケティとマルクス　マルクスの反論 —— 44
資本「論」問題 44 ／ピケティから見たマルクスの旧さ 45
不労所得者、マルクスとピケティ 46 ／ピケティのマルクス 47
ピケティの誤解——生産性 49 ／マルクスの資本主義 50
自由、平等、しかし搾取 51 ／『資本論』の予言 54

コラム◉価値論、150年のギャップ 58

第4章 理解できない国、日本 —— 62
不思議だ、誰も心配しない 62 ／日本のバブル 68
新植民地支配？ 69 ／バブルの理論としての $\beta = s/g$ 70
低成長と人口の減少 73 ／ピケティの手法で見る日本の富裕層 75

第5章 ピケティとマルクスで読むアベノミクス —— 78
アベノミクスの落とし穴 78 ／小麦の国 80
成長と制約 81 ／アベノミクスの経済思想 84
アベノミクス第1の矢の帰結 87

第6章 貨幣の謎—— 91
金と紙幣 *91*／金本位制 *93*
コロンブスの神話 *95*／貨幣数量説 *96*
MV=PT *100*／古典派の貨幣数量説批判 *101*
貨幣の機能 *104*

第7章 日本経済のピケティ現象—— 108
日本の貧困問題 *108*／非正規雇用の増加 *111*
非正規雇用と女性の就労問題 *113*／賃金の変化 *114*
日本の富裕層 *115*／日本経済の低迷 *117*

第8章 日本経済への提言—— 119
デフレは貨幣現象？ *119*／笑えない話 *120*
変動相場制と日本 *123*／賃金のトラウマ *127*
危機の最大要因は国債 *129*／為政者（statesmen） *130*

終章 我亡き後に洪水は来たれ—— 132
日本経済——その繁栄と衰退 *132*／人口論へのコメント *133*
投資の停滞へのコメント *134*／工場法以前！ *135*
資本家と労働者 *136*／労働日をめぐる闘争 *138*
労働時間の原理 *141*／労働者の展望 *142*

あとがき ── *144*
参考文献 ── *146*
索　引 ── *147*

はじめに

　本書は、日本経済の今を、トマ・ピケティ（Thomas Piketty, 1971～）とカール・マルクス（Karl Marx, 1818～1883）の格差論から解き明かそうとするものである。ピケティは、時の人である。彼の大著『21世紀の資本』は社会現象とも言えるほど話題をさらった。人々が、生活の中で感じていた世の中の変化を「格差」の問題としてとらえ、教えてくれたからである。

　ピケティの『21世紀の資本』は、マルクスの『資本論』（初版1867）を意識して書かれている。マルクスは19世紀を生き、ピケティは21世紀にいる。2人の接点は、今日の資本主義の変質である。

　21世紀の資本主義は、19世紀のような格差社会になる、とピケティは言う。膨大なデータを使って、20世紀の過半の時代、すなわち第1次世界大戦から東西冷戦の終結までの資本主義は、むしろ例外だった、ということを証明する。

　例外だった時代とは、資本主義が自由と平等を両立させ、人間性を取り戻すかに見えた20世紀である。それが、21世紀には、資本主義は再びマルクスが「搾取」として描いた19世紀の資本主義として復活した。

　しかし、マルクスとピケティでは、その内容は違う。何より資本家の中身が異なる。マルクスの資本家が自分で経営を行う資本家であるのに対し、ピケティの資本家はより範囲が広い。株や債券、土地や建物の賃貸用不動産などの資産を運用する個人も資本家なのである。

　格差社会が広まる中で、資産を持つ不労所得者が富み、勤労者が貧しくなる世界が21世紀の格差問題である、と指摘したのである。

　ピケティの理論は、悲観的な結末を予言している。それは、成長率の低い国では資本家がますます豊かになり、勤労者の富をますます減らす、ということである。先進国の成長率は低い。その中でも日本の成長率は、特に低い。過去20年間の実質経済成長率は、平均で0.8%

弱である（内閣府統計）。ピケティ理論が正しいなら、これから日本は急激に格差社会になる。

　ピケティは、フランスの新聞に掲載したエッセイの中で、日本をヨーロッパ人からは理解不能の国だと論じている。その理由は、累積した国の借金がGDPの2倍になっているのに誰も本気にならないことだ。破綻を目の前にして現実から目を背ける日本人が、不思議なのである。

　日本経済には、奇妙な現象が立て続けに起きている。アベノミクスと軌を一にして株価が急激に上がり、株価の時価総額がバブル期を抜いた。そして、上場企業の利益が過去最高を2年連続記録した。この時期のメディアの報じる日本経済は、好景気に湧いているかのようであった。

　しかし、2014年度の実質国民所得（GDP）はマイナス1.0％であった。資本主義経済は、成長するのが常である。2014年のIMFの推計値では、世界の実質GDPの成長率は、188カ国平均で、3.39％である。

　また、日本の年間給与支払総額は、実質マイナス3％で過去最悪の下げ幅となった。株価と企業利益の上昇、経済成長の低迷、実質賃金の下落。アベノミクスが目標としていた2014年度の経済データは、まるで絵に書いたようなピケティ流の格差の風景であった。

　悪いデータには日本のメディアは注目しない。問題から目をそらすのが、昨今の日本人気質なのか。株価と企業の高収益も、国民所得の低迷と実質賃金の下落も、どちらのデータもアベノミクス、とりわけ第1の矢と呼ばれる量的緩和の帰結であろう。貨幣量を2年間で2倍にして物価を2％上げる、これが目標であった。貨幣は2倍以上になった。しかし、物価は全く上がらなかった。GDPも低迷した。

　2015年度の統計データも同様である。確定値はまだないが、民間需要の低迷によって経済成長率もまたゼロ％の前後を低迷するものと思われる。

　ピケティが逆戻りと警告し、マルクスが階級関係を説いた19世紀は、成長と恐慌の世紀であった。資本家と労働者の対立はこの中で生まれた。マルクスは恐慌の原因をさまざまに指摘しているが、その中

の1つとして資本家による搾取のし過ぎを警告する。賃金を低く抑えすぎると、商品が売れなくなって恐慌の原因になる、と言うのである。現状にはこの指摘が適切である。今の日本経済は、過少消費不況と呼ぶべき事態になっている。

　日本がバブルの時、世界は日本経済と日本型経営を羨望し、一転して日本のバブルが崩壊し、長期のデフレ不況に入った時、側溝に車輪を落とした車を見るように、怪訝な目で日本を眺めていた。そして今、世界は日本だけが例外ではなかったと気づいた。

　今、世界経済に明るい要素はない。ドイツの「民族」車＝「フォルクス」ワーゲンの排ガス規制スキャンダルや東芝の不正会計問題は、不正に対する怒りよりも資本主義経済そのものが腐敗したという驚きを喚起する。

　世界経済が低迷の度を深める中で、日本経済は低成長下での格差と貧困の問題にあえいでいる。バブルの崩壊以降、日本は経済の負の側面では先端を歩んでいる。

　ピケティとマルクスの視点から、デフレ不況の先進国日本の現状を分析してみよう。

　なお、本書における引用文献の内、ピケティ『21世紀の資本』に関しては、邦訳（みすず書房、2014年）の頁数のみ記す。

第1章 格差の時代

あの時期は例外だった

　1960年代から70年代にかけて培われた幻想があった。それは資本主義における完全雇用と福祉社会の実現である。ピケティの功績は、何よりも歴史的なデータに基づくグラフによって、この幻想を打ち砕いたことにある。資本主義に自由はふさわしいが、平等はふさわしくはなかったのである。

　この指摘は、ベビーブーム世代にとっては、「俺たちは騙されていたのか」という思いになる。同様の感想を抱くのは世代的にはもっと広いかもしれない。日本は、「1億総中流」、「護送船団方式」、さらには「社会主義」とまで言われたほどに、横並びの国であった。会社は年功序列と終身雇用を保証し、「家」にさえなぞらえられ、みんな「家族」とさえ言われていた。その中に、格差が忍び寄っていたのである。平等社会はもともと日本の伝統ではなかった、そう思っていた方が勘違いだった、ということであろうか。

　ピケティは、あの時期は例外だったと言い切る。あの時期とは、2つの世界大戦と60年代と70年代を含む東西冷戦の時期である。ピケティは、データによって、この時期が資本主義の「例外」であることを証明し、資本主義の下での平等化の社会という思い込みを打ち砕く。本来の資本主義の像としての格差社会を復活させたのである。ここに階級社会としてのマルクスの資本主義観とピケティの警告する21世紀の資本主義の下での格差社会とが結びつく。

U字型曲線が秘密を握る

格差問題に関するピケティ学説を象徴的に示す2つのグラフがある。1つは所得格差に関するグラフであり、もう1つは資本と国民所得の比率についてのデータである。

本章では、所得格差に関するピケティの研究を見てみよう。

図1-1はピケティの大著の最初に登場するグラフである。

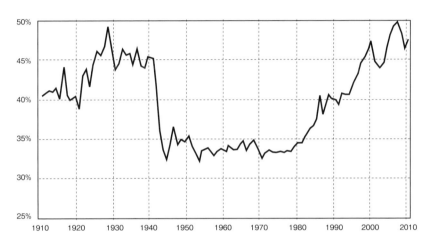

図1-1 米国での所得格差1910-2010年(上位10%の所得が国民所得に占める割合)(http://piketty.pse.ens.fr/capital21c)。なお、『21世紀の資本』のホームページ(http://piketty.pse.ens.fr/capital21c)には同書で使用されたグラフと表およびそのデータが公開されている。本書もそれを用いている。

これはアメリカの上位10%の高額所得者が、国民所得の何%を支配したかを示すグラフであり、格差の最も重要な指標として使われている。誰しもが不平等を感じ取ることができるデータである。

ピケティの最も基本となる格差の指標は、上位10%の富裕者の所得が所得全体の何%を占めるかにある。上位10%を富裕層として扱っても、大方の理解は得られる。ただし、この10%の富裕層のイメージは、アメリカと日本やドイツ・フランスとではかなり違う。上位10%の

中の一番下のレベルの人の所得水準が、アメリカは他国のほぼ2倍である。

図1-1を見ると、21世紀には上位10%の人が、アメリカの国民所得の半分に到達している。10%の人が国民所得の半分を取るというイメージは、格差を示すものとして分かりやすい。10%の人が10%を取るのが平等なので、50%を取るのは明確な不平等社会である。

ピケティは、後に富裕層を上位1%や0.1%にしてグラフを描いて見せる。たった0.1%の人がこんなに裕福なのか、という具体的なイメージが湧く。格差社会がはっきりと見えてくるのである。

この図を見ると、U字型にグラフの底が沈んでいるのが分かる。底の沈んだ期間は、上位10%の富裕層の所得が、比率としては減っていることを示す。つまり、社会が平等な社会に向かっていたのである。

この時期とはいつか。グラフは1940年を境に急降下している。日本による真珠湾攻撃の時期（1941）がこれに当たる。アメリカは第1次世界大戦に参戦しているが、この戦争のアメリカ経済への影響はけっして大きいものではなかったようである。第1次世界大戦の時は、グラフは急降下していないからである。

第2次世界大戦の時には、アメリカにも余裕はなかったようである。1941年のグラフの急降下は、富裕層の富が急激に減少したことを示す。戦時体制への移行による富裕層への課税や富裕層による資産の切り崩しが行われた時期である。それ以降、上位10%の高額所得者の所得が国民所得に占める割合は、減少したままである。資本主義の下での平等化の時期である。

第2次世界大戦が終わっても、アメリカとソビエト連邦（現ロシア）による東西の冷戦は続いた。資本主義もまた、完全雇用や福祉社会を目標とした労働者に歩み寄った経済運営を行っていた。

この傾向は、1970年代まで続く。しかし、80年代に入るとグラフは急激に上昇し、21世紀に入ると50%に近づく。上位10%の人が半分の富を持って行ってしまう、ということである。1980年代は、保守的な政治思想と市場主義の経済政策が登場した時期であり、1989

年にはベルリンの壁が崩壊する。ソビエト連邦が解体し東西冷静が終結する。東西冷戦の終結は、格差社会の登場の要因となる。

これがピケティの言う格差社会のもっとも主要な問題である。

上位10%が国民所得に占める割合を格差の指標とする手法は、クズネッツ（Simon Smith Kuznets, 1901～1985, 1971ノーベル経済学賞）が用いた指標である。クズネッツはこの指標を用いて、資本主義が平等な社会に向かって変化していることを主張していた。東西冷戦下においては、これは資本主義の進歩として受け止められていた。

ピケティによれば、このクズネッツの研究は、東西の冷戦期には大いに歓迎された。冷戦はイデオロギーの闘いでもあった。ソビエト連邦を中心とする東欧の社会主義は、「平等」を国家の理念として打ち出していた。しかし、「自由」を求めて多くの人がベルリンの壁を越えた時代でもあった。

これに対して、資本主義の諸国は、「自由」を旗印に掲げていた。しかし、資本主義は、資本家あるいは経営者層と労働者の対立を軸に成り立っていた。資本主義社会が平等に向っているという研究成果は、冷戦下の政治的なイデオロギーの対立の中では、大いに役立つ強力な政治的武器となった。これがクズネッツの研究に対するピケティの評価である。

ピケティは、クズネッツと同じ手法を用いて、逆の結論を導く。クズネッツのデータは第1次世界大戦から第2次世界大戦直後のデータである。このデータを先と後に延ばしてみる。こうしてでき上がったのが、U字型である。U字型こそが、クズネッツの言う資本主義の下での平等化が「例外」の時期であることを示す。Uの字の両側の左上りと右上りが資本主義の逆戻りを示すからである。

このことによって、Uの字の底が例外となる。世界大戦と東西冷戦の時期であり、この時期が終われば格差は拡大する。これが、ピケティの指摘する格差問題のもっとも主要な点であり、格差の拡大は今につながる。格差の拡大が本来の資本主義であり、資本主義は、放置しておけば格差を生み出す経済システムなのである。

第1章　格差の時代

ピケティの資本家

　ピケティの警鐘は、もう1つのターゲットを持っている。資産家である。ピケティの『21世紀の資本』で言う「資本」は、通常言われている「資本」とは違う。ピケティを論じる経済学者は、ピケティの言う「資本」に戸惑いを隠さない。
　経済学の多くの教科書で使われる「資本」は、会社の建物や機械などの生産手段である。株や社債などの金融資産は、「資本」には含めない。機械が「資本」のイメージを代表する。
　しかし、ピケティの「資本」は会社の資本財だけではない。会社や個人の株や債券、賃料の得られる不動産、さらには持ち家も自分に貸したと考えれば「資本」になる。収益を生む資産は、すべて「資本」と呼ばれる[1]。
　この資本についての独特の理解の仕方は、ピケティの理論にとっては極めて重要である。資本の概念を広げることで、資本を持つ人の力と資本を持たない人の力の対立はより鮮明になる。鮮明になるだけでなく、現代の格差の持つ理不尽さも浮き上がってくる。ピケティの資本家の中には、個人的な資産家が含まれ、資産家の所得は勤労や能力の対価ではなく不労所得だからである。

格差の広がり

　下の3つの図は、ピケティの作成した表をグラフ化したものである。
　図 1-2 は労働所得だけで見た格差である。ピケティは、格差の少ない低格差社会を1970～80年代の北欧スカンジナビアに代表させる。北欧型高度福祉社会の国々である。格差の度合いが中位の社会を中格差社会として2010年のヨーロッパ、格差の著しい高格差社会として2010年のアメリカ、そしてその延長にある超格差社会として2030年の未来のアメリカを並べる。

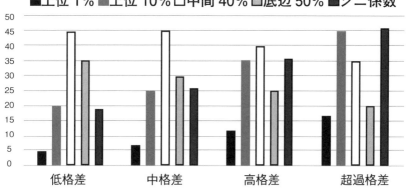

図1-2　労働所得格差（http://piketty.pse.ens.fr/capital21c から作成）
（注）図の中で使われているジニ係数とは、0〜1の間で格差を示す指標であり、0に近い方が平等な社会、1に近い方が格差の大きな社会である。しかし、このグラフでは表記の都合上、ジニ係数は100倍で表示している。この扱いは図1-3、1-4も同様である。

　労働所得に関して言えば、1970〜80年代の北欧スカンジナビアは、上位1％の所得の占有率が全体の5％と高い以外は、平等化の傾向を持っている。ピケティが批判のターゲットとする上位10％の所得の占有率も20％にとどまる。これに対して高格差社会のアメリカは、上位10％が35％の所得を取得し、将来は45％になり、超高格差社会になることが警告されている。さらに超高格差社会となった2030年のアメリカでは、上位1％が17％の所得を取得するという予想も驚きである。
　図1-3は資本そのものの配分で見た格差である。このグラフは、資本の持ち分の比率であり、所得ではない。しかし、資本所有の格差がピケティにとっては富の格差と世襲資本主義の基本的な姿を示す。ピケティの資本は運用されている個人資産を含む。株や債券も含むのである。その上で図1-3は、資本配分による格差がすさまじいことを示している。
　ピケティが最も注目するのは、おそらくはこの図1-3であろう。ピケティの社会区分も洒脱である。図1-3での低格差社会は「いままで

第1章　格差の時代

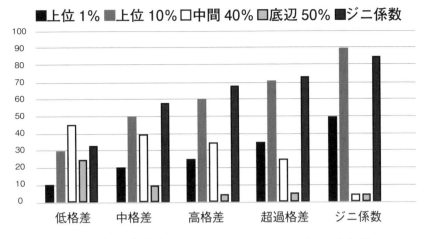

図1-3　資本所有格差（http://piketty.pse.ens.fr/capital21c から作成）

一度も見たことのない理想社会」となっている。ピケティにとっての理想という意味であろうか。

　中格差社会は、1970〜80年代のスカンジナビアである。1970〜80年代の北欧がピケティのリアリティのある理想社会なのかもしれない。中高格差社会は2010年のヨーロッパ、高格差社会は2010年のアメリカ、そして超高格差社会としては、未来のアメリカではなく1910年のヨーロッパが選ばれている。1910年のヨーロッパは19世紀の格差社会の帰結の年である。図1-2と図1-4では、超高格差社会の代表は2030年の未来のアメリカなので、おそらくは、図1-3においても、1910年のヨーロッパと2030年のアメリカは二重写しになっているものと思われる。

　高格差社会アメリカでは、2010年に上位10％の人が総資本の70％を占有している。10％で70％という数字は、衝撃的である。また1％の人が35％を占有する。たった1％で全体の35％を占めるのである。

　これとは対照的に、アメリカの成人の半分は下層の50％におり、彼らは全部合わせても5％の資本しか持たない。この場合、ピケティ

16

は資本の中に会社の建物や機械だけでなく、株や債券、賃貸用の不動産も含める。自分の持ち家も、実際に家賃を払うわけではないが、自分が家賃を払ったと見ることで資本に含まれる。したがって、貧しい人でもなにがしかの資本を持つことが多い。こう考えた上での統計表である。格差問題を象徴する図である。

これに対し低格差の夢の理想社会では、40％の中間層が、資本の45％を保有している。

超格差社会1910年のヨーロッパでは、上位10％で全体の資本の90％、上位1％で50％を持つ。これは過去のデータを用いた未来に対する警告であろう。それでいいのか、と。

そして、2010年のアメリカの資本配分のジニ係数（**図1-2**注、参照）は0.73、1910年のヨーロッパの超高格差社会のジニ係数は0.85である。これも未来への警告であろう。

図1-4が労働所得と資本所得を総合した格差である。

図1-4は、労働所得と資本から得られる所得の合計である。資本から得られる所得と、**図1-3**でいう資本ストックの配分とは異なる。**図1-4**の資本所得は、資本ストックそのものではなく資本ストックから得られる収益のことである。

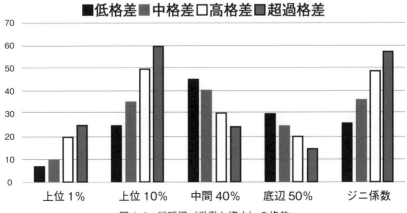

図1-4　総所得（労働と資本）の格差
(http://piketty.pse.ens.fr/capital21c から作成)

図1-4で見ると、上位10%の労働所得と資本所得の合計は全体の50%を占め、2030年の未来のアメリカでは60%になる、と推計されている。ジニ係数で見ると、2010年のアメリカは、労働所得が0.36、資本配分が0.73、労働所得と資本所得の総合ジニ係数で0.49である。これが予想としては、2030年には労働所得で0.46、資本配分で0.85、資本所得と労働所得の総合で0.58である。資本配分における格差が、極めて大きいことが見て取れる。格差の原因が、資本をどれだけ持つかにかかっているということである。

1％の富裕層

　富裕層を具体的に見てみよう。図1-5はアメリカにおける上位10%を1%、1～5%、5～10%に分けて国民所得に占める割合を表わしたものである。

　このグラフでは、先の図1-1が示していたU字型曲線の80年代以降の急上昇、すなわち格差の拡大が、実は、上位10%というよりも、上位1%の所得の増大によるものであることが示されている。格差の

図1-5　アメリカにおける上位10%の構成　(http://piketty.pse.ens.fr/capital21c)

拡大は、少なくともアメリカにおいては、上位10%の富裕層というよりは、上位1%の富裕層の所得の増大が原因なのである。10人にひとりというありふれた存在ではなく、100人にひとりのレベルの富裕者が力をつけてきたのである。

ピケティの参加している World Top Income Data Base（http://topincomes.parisschoolofeconomics.eu、以下、WTIDと表記する）には、格差問題に関するピケティの手法に必要なデータが公開されている。

上位10%の富裕層の最下限の年間給与は、2010年で11万5千ドル、上位1%は年間約37万ドル、2010年の為替レートを1ドル＝90円とすると、上位10%とは1035万円、上位1%とは年収3330万円以上を指す。

富裕者が100人にひとりのレベルだとすると、見つけやすい。そこでピケティは、本当に超富裕層と呼べるような、1000人に1人のレベル、上位0.1%のデータを示す。**図1-6** である。アメリカ、イギリス、カナダ、オーストラリアのいわゆるアングロ・サクソン諸国のデータである。これらの諸国では、上位0.1%の所得が国民所得に占める割合が、1980年代以降、急増している。例の「U字型」である。

特にアメリカでは、0.1%の層の伸びが著しいことがうかがえる。ちなみに、上位0.1%の年収は2010年で約142万ドル、1ドル90円で換算して約1億2800万円である。

ピケティは、超富裕層の増加を、資産の格差だけではなく、高額の報酬を得るスーパー経営者の登場も要因の1つと考える。日本で言えば、日産自動車のゴーン社長のイメージである。スーパー経営者の登場は、累進課税制度が緩やかになり、高額所得者に有利になったことや、経営者が自らの給与を自らで決める力を増したことなどによると考えられている。

ピケティは、このスーパー経営者の高額な給与を個人の能力によるものとは考えない。彼は、資本の範囲を従来の学説よりも大きく広げたが、その中に人間の能力を「資本」とみる「人的資本」論は含めない。人的資本と報酬とが関係するというよりも、運や世襲が決定的だ

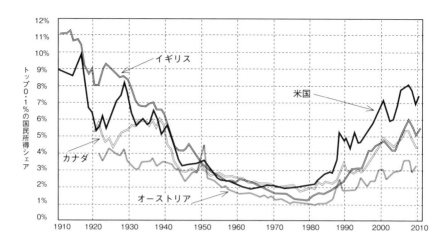

図1-6 アングロ・サクソン諸国における上位0.1%の国民所得におけるシェア
(http://piketty.pse.ens.fr/capital21c)

と考えている。ビル・ゲイツとスティーブ・ジョブズを比較して、ビル・ゲイツが圧倒的に富裕であることの合理的な理由はない、と考えるのである (457頁)。

富豪、そして世襲

億万長者は世界にどのくらいいるのか。この問題については、毎年発表される雑誌『フォーブス』の長者番付が有名である。ピケティは、このデータによって**図1-7**のグラフを描く。

億万長者とは、資産10億ドル、2013年の円ドルレートを1ドル＝120円で計算すると1200億円、を指す。これが億万長者の最低限である。**図1-7**によると、1987年に地球上に5人だった億万長者は、2013人には30人になっている。この億万長者は、1987年当時は、世界の民間財産の0.4%を占めるだけだったが、2013年には、1.5%になっている。総資産は3000億ドルから5.4兆ドルに増えた。

富者がますます富み、勤労者の富を支配していく傾向が示される。

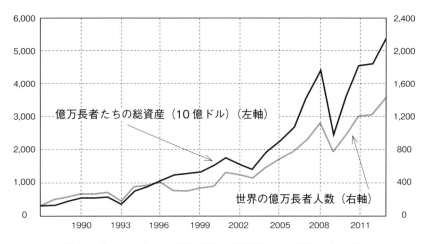

図1-7 『フォーブス』による世界の億万長者たち 1987-2013 年
(http://piketty.pse.ens.fr/capital21c)

　富裕層は資産を相続する。相続者は人生の出発点から不労所得者として生活することが可能である。**図1-8**は、フランス、イギリス、ドイツの相続や贈与の年間額を国民所得の比で表したものである。
　フランスに関するデータは信憑性が高い、とピケティは言う。1900年には、フランスの相続と贈与の総額は、国民所得のほぼ4分の1であった。大変な割合である。世襲家族の力を物語る。しかし、第1次世界大戦を境に激減する。1950年には4～5％であり、ほとんど意味をなさなくなっている。これが1980年ころから上昇し、2010年には15％になる。1950年の4倍である。世襲資本主義の復活である。
　ドイツの場合は、第1次世界大戦と第2次世界大戦の敗戦国であるため、戦争の影響はフランスよりも大きい。したがって、グラフの落ち込みもフランスよりも大きい。しかし、1980年以降は急速に世襲の力は回復している。イギリスは、フランスやドイツほど落ち込みは激しくはない。第1次世界大戦の時に一度落ち込み、その後回復するが、第2次世界大戦で再び落ち込み、落ち込みは1990年代まで続く。回復はフランスやドイツよりも遅れる。

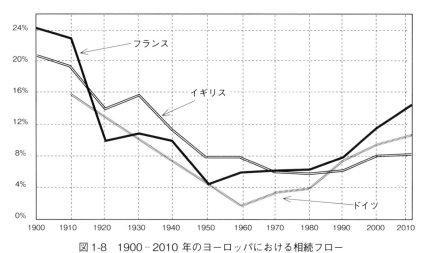

図1-8　1900－2010年のヨーロッパにおける相続フロー
相続・贈与の年間価値（国民所得に占める％）（http://piketty.pse.ens.fr/capital21c）

　しかし、いずれの国もU字型を描き、程度の差こそあれ、世襲の力は強くなっている。データは世襲資本主義の復活を裏づけているのである。
　ピケティによれば、ビル・ゲイツがそうであるように、スーパー経営者も経営努力による報酬から資産家としての報酬に移っていく。そして、資産家の富は相続され、不労所得だけを得る世襲制が形作られるという。これが21世紀の資本の像である。

資本主義の倫理

　ピケティの『21世紀の資本』の冒頭に、フランス人権宣言（1789）の言葉が引用されている。
　　「社会的差別は、共同の利益に基づくものでなければ、設けられない。」（1頁）
　ピケティは、能力や努力による格差は当然のこととする。これは社会に対する貢献への評価であり、共同の利益に叶う。しかし、相続財

産による格差は、共同の利益にとって何の意味もない。

平等についての考えには、出発点の平等と結果の平等とがある。結果の平等にこだわると能力や努力の評価を無視することがある。ピケティの世襲制批判は、出発点の不平等に対する批判であり、結果の平等を求めてはいない。

ピケティの提案

ピケティの格差是正に関する提案は、2つである。1つは所得税に関する累進課税の復活である。累進課税は、富者から貧者に富を移すことによって、社会全体としての幸福の度合いを高めようとする思想を背景に持つ。累進課税は、戦時には国家の税収の確保として、強力に推し進められ、冷戦期にも福祉国家の理念に合致したものとして受け入れられてきた。しかし、経済政策が、福祉国家型から市場での競争原理へと転換するに伴って、利益に対する意欲をそぐものとして修正を迫られてきた。

図 1-9 は、所得税の最高限度税率の推移を示しており、ピケティの提供した資料の中でも特にインパクトの強いグラフの1つである。

何よりも、第2次世界大戦から冷戦の間の最高所得税率の高さに驚かされる。アメリカは1944〜45年の最高所得税率は94%、1951年に91%になり、1952〜53年に92%、1954〜64年に91%である。以後徐々に下がり1983年に50%、2004年から2012年までは35%と低水準を維持し、2013年に40%に引き上げられている。イギリスは1941年から52年まで最高税率は98%である。1988〜2008年は40%、2009〜12年50%、2013年45%である。ドイツは1946〜48年が90%である。しかし、動きは激しくはない。フランスは、1936年以降今まで48%から70%の間で安定している。

全体には、1980年代から下がり始めた最高限度税率は、近年再び若干ではあるが上昇の傾向にあると言える。

日本も1974年には74%だった最高限度税率が、徐々に下がり、

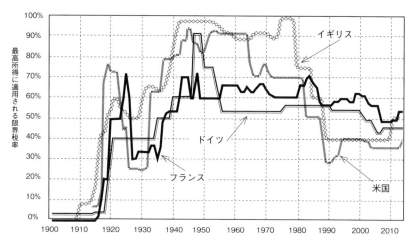

所得税の最高限界税率(最高の所得に適用されるもの)は、米国では 1980 年に 70％だったのが、1988 年には 28％まで下がった。

図 1-9　最高限度所得税率（アメリカ・イギリス・ドイツ・フランス 1900 − 2013）
(http://piketty.pse.ens.fr/capital21c)

1999 年には 37％まで下がったが、2007 年以降は 40％に引き上げられている。平成 27 年度以降は、45％になる。

　ピケティは、高額所得者に対して 80％を最高率の累進課税をかけることは先進国では適切だし、アメリカでこれを実行しても、GDPは何ら減らないという（536 頁）。過度の格差は、実質的には高額所得者の所得に対する累進課税の復活によって是正されると考えている。ピケティにとっては、所得に対する課税が、格差是正の基本となる。累進課税の復活は徐々に世界的な動きにもなっている。

　第 2 の提案は、富裕税としての資本税である。ピケティの資本税は資産課税のことであり、これも後に述べる r>g と同じぐらい有名になっている。もともと、ピケティは資本の不平等な配分が格差社会の最も大きな原因であると考えている。したがって、資本に対する課税は、ピケティの論理からは当然の結論である。

　ところで、ピケティの「資本税」は読者に警戒心を抱かせるようである。したがって、ピケティの資本税のイメージを知った方が、誤解

がないと思われる。

　ピケティが公開しているサイトからの『21世紀の資本』に使用されたデータは、あくまでも「たとえば…」の話である。しかし、この例示によって、資本税に関するピケティのイメージを知ることができる。

　ピケティは、『21世紀の資本』の中で、資本税を2通り試算している。主に使っているのは、課税最低限が100万ユーロのケースである。1ユーロ130円で換算して、1億3千万円である。これ以下の資産に課税を考えていないことになる。この場合は、課税最低限は高く想定されており、資本税の意図するところは富裕税である。

　また、別の試算では、課税範囲は広がり、課税最低限が低くなる。100万ユーロの資産の所有者にも課税され、課税率は0.5%なので税額は5000ユーロ、日本円で65万円である。このケースは固定資産税の代わりの資本税という位置づけである。20万ユーロ（6500万円）の資産の保有者人にも15万円の資本税がかかる。

　日本では、2017年1月1日から相続税が増税になる。基礎控除は5000万円＋1000万円×法定相続人の数であったものが、3000万円＋600万円×法定相続人の数、に引き下げられる。つまり課税最低限の引き下げによる増税によって大衆課税化している。

　ピケティが「資本税」を主張する時の課税最低限のイメージは、富裕税である。日本の相続税の増税は、ピケティの「資本税」のイメージとは異なる。

　ピケティの分析によれば、多くの人が資産を持つようになったのが今日の特徴である。ただし、富裕者と貧者では資産の格差が極めて大きい。労働所得の格差の比ではない。ピケティの資本税は、格差を是正し、透明性を高めるために富裕者に課す税である。

　ピケティは、富裕者の所得は正確にはわからないと考えている。富裕者が正直に所得を申告することはないと思っているのである。このため、資産の方が実態を把握しやすいと考えている。もちろん資産も十分に隠匿される可能性は高い。しかし富裕税を作ることで、保有する資産が透明になるという効果が期待できる。

ピケティは、所得税、相続税、資本税をいずれも累進的に制度化することで、格差の是正に向けた制度作りができると考えている。

　ただし、資本税については、資本税を1国だけが制度化した場合、資本が海外に逃避することもあり、資本税の制度化には国際的な連携が必要と繰り返し述べている。

注

(1) フランスの経済学の先駆である重農主義は、投下して利益を伴って回収する価値を資本と考えていた。特に著名な経済学者であり、フランス大革命 (1789) 前の財務総監であったテュルゴー (Anne-Robert-Jacques Turgot, Baron de Laune, 1727～1781) は、利益を伴って回収される価値を「資本 (capital)」という言葉で呼んでいる。

第2章 r＞gを読み解く

r＞g の呪文

　r＞gはピケティの代名詞のようだ。この式は格差の方程式として巷にあふれている。ピケティの思いのこもった数式である。その思いを、まずはピケティに語ってもらおう。

　　　不等式r＞gは、過去に蓄積された富が産出高や賃金より急成長するということだ。この不等式は根本的な論理矛盾を示している。事業者はどうしても不労所得者になってしまいがちで、労働以外の何も持たない人々に対してますます支配的な存在となる。一旦生まれた資本は、産出高が増えるよりも急速に再生産する。過去が未来を食いつくすのだ。(602頁)

　この短い数式にはピケティの魅力が詰まっているが、分かりにくく厄介な数式でもある。ピケティの分厚い本のポイントは、経済成長率が低くなると資本の力が大きくなる、ということにある。資本家が富み、勤労者が貧しくなる社会になる、ということである。

　この式のどこが、この暗い予言を導いているのだろうか。

　まず、rは資本収益率である。先に指摘したように、この場合の資本は、会社の所有する機械も個人の株も賃貸用のアパートも自宅も含まれている。したがって、資本収益額そのものには、利潤も利子も配当も家賃収入もすべて入る。

　資本収益率は、資本収益額を資本で割ったものである。つまり（資本収益額／資本）＝資本収益率、これがr（資本収益率）である。利潤率としてイメージしてもよいし、利子率としてイメージしてもよい。

gは、経済成長率である。経済が成長したかどうかは、一般に国民所得（GDP）がどのくらい増えたかで判断する。国民所得が1年間にどれだけ伸びたかの比率であり、国民所得の増加率を経済成長率と呼ぶ。前年度100兆円の国民所得が今年度110兆円になったら、10兆円の増加なので、10兆円／100兆円＝10％となる。

ピケティは、資本収益率（r）が経済成長率（g）よりも大きいことが格差社会をもたらし、大きくなればなるほど、格差も大きくなると言う。

ピケティは膨大なデータを持っている。このデータによれば、資本収益率は、あまり変化しないで長期的に4〜5％ぐらいを維持する。これに対し、先進国の経済成長率は低下し、2％前後である。資本収益率（r）と経済成長率（g）の差は広がっている。

とはいえ、これだけでは格差の拡大にはならない。資本収益率を利潤率に代表させて、利潤率と経済成長率を比較しても、本当は意味はない。ピケティは、この式が格差をもたらす意味を持つためにもう1つの前提を置く。資本家が資本収益額の一定割合を資本として運用する、ということである。この追加の資本運用によって、経済成長率以上に収益を伸ばすことができるからである。r>gの呪文が現実になる。

資本収益率（＝資本収益額／資本）ではなく、資本収益の増加率（資本収益の増加額／資本）が、経済成長率よりも大きい場合には格差が拡大するからである。資本家の儲けの増え方が、経済成長率よりも大きいのである。たとえば、経済成長率が10％の時に、資本収益の増加率が15％であれば、国民所得の増加分に対する分け前は、資本家に有利になり、その結果、勤労者には相対的に不利になる。

r>gは経済学の式としては、意味はない。しかし、資本家がこの式を前提に、資本を増やすように行動すれば、資本家の取り分は増え、格差は広がる。資本家はそのチャンスを持っている。つまり、r>gの呪文は実現する。これが巷に流布するr>gの意味である。r>gは本来は格差の「可能性」の式であり、現実のものとなるかどうかは資本家の行動にかかっている。

歴史的事実としての r > g

ピケティは r>g は論証すべき数式ではなく、歴史的事実である、と言う。確かに、資本家がより多くの収益の可能性を現実のものとするかどうかがポイントになる。

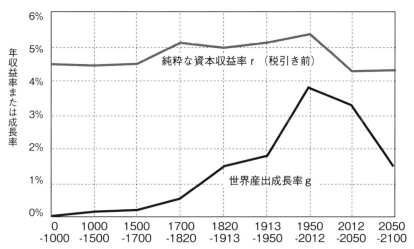

図 2-1　世界的な資本収益率（税引き前）と経済成長率の比較 古代〜 2100 年
(http://piketty.pse.ens.fr/capital21c)

ピケティは図 2-1 のグラフを示す。

ピケティはこのグラフを、「税引き前の資本収益率は世界経済成長率よりも常に高いが、その差は 20 世紀に減少し、21 世紀には再び拡大している。」(371 頁)、と説明している。

このグラフはピケティの主張を裏づけている。

キリストの生まれた時から 2100 年までという超長期の歴史データである。いったい資本収益率という考え方と古代や中世の経済とはなじむのだろうか。

マルクスならば、この扱いは否定するであろう。マルクスの場合、『資本論』の研究対象として 19 世紀のイギリスを設定している。理由は、この時期が、資本主義が比較的純粋な形で形成され運動している時期

だからである。資本主義の経済システムは、歴史の中で特定の時代に形成され発展したものであり、この歴史的に特殊な性格を明らかにすることこそが、マルクスの『資本論』の課題なのである。したがって、古代や中世の「資本収益率」という考え方を、マルクスが受け入れるとは思えない。古代や中世の経済も経済分析の対象ではあるが、資本主義の分析と同じ手法は使えない。

　マルクスにとっては、研究の対象を資本主義以外に広げるためのハードルは高い。しかし、ピケティは、軽々とこのハードルを越える。歴史的社会的なシステムの違いは一切問わずに、素材だけを比較する。古代や中世の土地も資本主義の下での土地も同じなのである。このような考えの下に作られたのが、キリスト誕生から2100年までの資本収益率と経済成長率のグラフ図2-1である。

　この図は、ピケティの正しさ、つまり$r>g$を示している。歴史的事実なのである。

もう少し $r>g$

　$r>g$は、公式や方程式というよりも、むしろ歴史的データをまとめた式である。語弊があるかもしれないが、文学的表現と言ってもいいかもしれない。特に、現在の先進国のように経済成長率が低い場合（2014年度の日本の成長率はマイナス1％）、rとgの差$r-g$は広がり、格差は広がるというのが、ピケティの重要な予言であり警告である。

　$r>g$の式は、歴史的データをまとめた式であるが、これを数式としてもう少し考えてみよう。以下、数式の嫌いな向きには飛ばしていただいてもかまわない。

　ピケティは、資本収益率（r）＝資本収益額／資本（K）と考える。資本は機械5台などの現に存在する資本の量を指す。これをKで表現する。資本収益額に対しては、ピケティは特定の記号を当てていない。たとえば資本収益額をRとすると、このRは用いずにαYと表す。

　分かりにくいが、国民所得をYとし、国民所得に占める資本収益

額（R）の比を a とすると、資本収益額 R は aY となる。ちなみに国民所得は、資本収益額 aY と労働者の得る賃金 W の合計となる。国民所得（Y）＝資本収益額（aY）＋賃金（W）である。

ここで、それぞれ要因の増分を、Δ（デルタと読む）を使って表記する。ΔY は国民所得の増加分である。経済成長率は、国民所得の伸び率なので ΔY／Y となる。本書では、資本の量を K で表す。ΔK は資本の増加分である。資本の増分を投資と言い、I で表す。機械が 4 台から 5 台になったら、資本の量 ΔK は 1 台増え、この 1 台増えた分が投資 I である。

ピケティの資本収益率（r）は資本収益額（aY）／資本（K）となる。ここで国民所得 Y と資本 K の比率 Y／K が、それぞれの増分に等しいと仮定すると、Y／K＝ΔY／ΔK である。したがって r＝aΔY／ΔK である。資本の増加分 ΔK は、投資 I なので、r＝aΔY／I となる

ピケティの式 r＞g の r と g は、今、r＝aΔY／I、g＝ΔY／Y と変形された。ここで経済が停滞すると ΔY（国民所得の増加分）が小さくなる。しかし、ΔY は、資本収益率（r）と経済成長率（g）の両方の分子である。a と I を一定と仮定すると、資本収益率 r と経済成長率 g は比例する。したがって一般的には、ピケティの言うようには格差は広がらない。とはいえ投資 I が減ったり、株価が上がって資本収益額（aΔY）が増えたりすれば、格差は広がる。

ピケティは r－g を格差と呼ぶ。r が歴史的に一定で、g が低成長になると、格差は広がると言う。しかし、r－g＝（aΔYY－ΔYI）／（YI）＝（ΔY／Y）｛（aY／I）－1｝である。変形した後の最後の項（ΔY／Y）｛（aY／I）－1｝ の（ΔY／Y）は、経済成長率そのものである。したがって格差と経済成長率は比例する。経済成長率の低下が、格差の原因とはこの式からは言えない。ピケティは、資本収益率 r と経済成長率 g を切り離して考察したので、g が減ると r－g が増えると考えたのである。しかし、r と g の関連を含めて考えると、g が減れば、r－g も減ることになる。

また $\{(\alpha Y／I)－1\}$ は、投資Ｉが減ったり、株価が上がって資本収益額 αY が増えたりすると格差が広がることを表している。ｒ－ｇを仮に格差の方程式として扱うとすると、先進国の格差の拡大は、経済成長率の低下よりも、量的緩和策などにより株価が上昇し資本収益額が増えることが、原因のようである。

しかし、ピケティは、自分の主張にも反する次の表を出す。

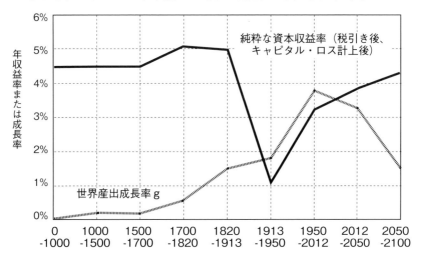

図 2-2　世界的な資本収益率（税引き後）と経済成長率の比較 古代から 2100 年
（http://piketty.pse.ens.fr/capital21c）

r＜g ？

これは税引き後の資本収益率である。したがって、このグラフの方が本来は現実的である。ピケティはこのグラフについて、「20 世紀中、資本収益率（税引き後、キャピタル・ロス計上後）は成長率を下回ったが、21 世紀には再び上回るだろう」（371 頁）と解説している。

一時期の例外はあるが、再び r>g は復活した、ということである。

図 2-1 と**図 2-2** に関しては、『21 世紀の資本』の公開サイトの推計データも、このグラフ以上のものではない。このグラフでは、おおよそ第１次世界大戦（1913）前から東西冷戦（1980 年代）までは、r＜g である。

税金を引き、株などの売買に伴う損失も計算すると r<g である。

　この推計データが正しいとすると、問題は大きい。ピケティは、紀元元年の過去から 2100 年の未来までのグラフを作成することで、r<g の時期が例外であることを示している。確かに、資本主義は重商主義の時期までさかのぼれば、長い歴史を持つ。しかし、マルクスならば、資本家が労働者を雇うという関係が、確立した資本主義的な階級関係であると考える。したがって、資本主義の確立期は 19 世紀のイギリスである。最初の経済恐慌が 1825 年であると言われているので、この直前、ピケティの図でいうと 1820 年頃からが、確立した資本主義経済に当てはまる。つまり、このグラフの 1820 ～ 2012 の時期が資本主義として意味を持つ。

　このグラフにおいて、2012 年以降は未来予想なので省くとすると、1820 ～ 1913 までの約 100 年が r>g、1913 年以前からおそらくは 1980 年過ぎまでの約 70 年間は r<g である。残りの約 30 年が r>g である。これまでの資本主義の 40% 近くの期間が r<g ということになる。ここから r>g が一般的だという結論を見出すのは難しい。

　ピケティの議論で言えば、人間の社会にとっては、つまり古代も中世も含めれば、r>g は一般的であるが、資本主義にとっては、そうとは言えないということになる。もちろん、ピケティのグラフは、古代や中世については目盛の幅が大きくなっており、戦争などの非常時を測ることはできない。しかし、グラフから言えることは、r>g は歴史の法則ではあっても、資本主義の法則とは言えないかもしれないということである。

　ピケティは、レーニンを引き合いに出して、どんなにレーニンが嫌いな人でも、ドイツがイギリスのように植民地を持っていれば、第 1 次世界大戦は起きなかっただろうということは認めるしかない、と言っている。レーニンにとっては、資本主義が帝国主義として発展するのは歴史の必然である。したがって、第 1 次世界大戦も資本主義の発展に伴う必然である。2 つの世界大戦の時期を生きた人々にとっては、資本主義と大不況と世界的な規模での戦争は、密接につながった

ものとして受け止められていた。ピケティは、戦争の時期を資本主義の例外の時期と考えている。しかし、本当だろうか？

　ピケティは、r<gの原因を２度の世界大戦と東西冷戦に求める。戦争による常軌を逸した破壊や高率の課税は、資本や資本収益を破壊したものと考えられる。しかし、これを例外だと言い切るほどの長い歴史を資本主義は持っていない。また、人類史にとっても戦争は例外ではない。ピケティが言うように、この時期が資本主義にとって例外であって欲しいと願うだけである。

分配の問題を経済学の中心に戻す

　ピケティの今日の経済学の状況に対する批判は、痛烈である。どうでもいいような問題を難しい数学を使って解いているだけで、肝心なことは何も分かっていない、と言う。経済学は目下評判が悪い。ノーベル経済学賞も、本当に社会のためになっているのか、格差の拡大を助長してきただけではないか、と批判されている。ピケティの学説は現代の経済学に対する批判の流れに沿っている。その軸となる主張が、経済学の中心課題を古典派の分配論に戻そうという主張である。

　経済学は資本主義の勃興期に始まる。経済学に体系性を持たせ、経済学の父と呼ばれるのが、アダム・スミス（Adam Smith, 1723～1790）である。スミスはマニュファクチャ（工場制手工業）の時代の人であり、資本主義的な機械制大工業の発達は見ていない。資本主義的な社会関係も萌芽的にしか生まれていなかった。しかし、スミスは時代の先を見越し、これからの社会が資本家、労働者、地主の３大階級になることを想定して経済分析を行った。この枠組みの設定は、「天才」と言うしかない。

　『国富論』（1776）はその成果である。分業による生産性の向上が経済を成長させ、国富を増大させることを説き、３大階級に賃金・利潤・地代がどのように分配されるかを説いた。

　スミスを継承したリカードウ（David Ricardo, 1772～1823）は、労働

価値論にもとづいて生産物が3大階級に分配される仕組を説いた。リカードウは、第1に、賃金の増加が利潤の減少をもたらし、利潤の増大が賃金の下落をもたらすという、賃金と利潤との相反する関係を指摘した。そして第2に、人口が増大すると穀物需要が増え、土地の耕作が拡大する。耕作に適した優等地だけでは足りなくなって、やせた劣等地へと拡大していく。このことが差額地代を増加させ、資本家の利潤を減らしていく、と論じた。リカードウによる利潤率の傾向的低下の法則である。リカードウの自由貿易論は、外国の安い穀物を輸入し、名目賃金を下げて資本家の利潤率を回復することを目的とした。分配論としての経済学は、スミスとリカードウによって確立する。

古典派の経済学を批判しながら、マルクスもまた、価値論に基づいて3大階級の関係を説いた。マルクスの場合は、資本家と労働者の関係は生産関係であり、分配関係とは言わない。社会関係のとらえ方が違うのである。利潤と地代や利子との関係は、マルクスにあっても生産関係ではなく分配の問題である

古典派やマルクスの3大階級論が、ピケティの格差論につながるのである。ピケティの場合は、分配論の中に富める者と富まざる者の対立の視点が強く入っている。

第1の基本法則 $\alpha = r \times \beta$

格差の分析に際して、ピケティは、資本主義の第1の最も基本的な法則として、$\alpha = r \times \beta$ をあげる。α は以前の記号と同じであり、国民所得に占める資本からの収益の割合である。つまり、資本収益額Rを名目国民所得Yで割ったものである。同じことであるが、αY が資本収益額、つまり国民所得の中での資本家の取り分である。

β をピケティは資本/所得比、と呼ぶ。K／Yである。経済学でいう資本係数である。経済学で資本係数という時の資本のイメージは機械である。しかし、ピケティは、株などの個人の金融資産も資本に入れる。この点では、経済学でいう資本係数は、ピケティの β にはふ

さわしくない。ピケティに習って、そのまま「資本／所得比」と呼ぶことにする。

この式自体は、$α$ = 資本収益額（R）／国民所得（Y）、r = 資本収益額（R）／資本（K）、$β$ = 資本（K）／国民所得（Y）なので、r × $β$ = ｛資本収益額（R）／資本（K）｝／｛資本（K）／国民所得（Y）｝= 資本収益額（R）／国民所得（Y）= $α$ である。ピケティは当たり前の式という意味で、この式を「恒等式」と呼ぶ。

資本主義の第1基本法則 $α$ = r × $β$ において、ピケティは、データ分析から平均的に見て、$β$ = 600％、$α$ = 30％、r = 5％であると言う。ピケティの基本的なイメージである。

ところで、資本主義の基本的な第1法則 $α$ = r × $β$ は何を言っているのであろうか。

$α$ は、国民所得 Y のうちの資本家の取り分の比率であり、$α$ Y が資本家の取り分つまり資本収益額である。資本家の取り分以外は、労働者の取り分である賃金なので、Y − $α$ Y が、労働者の賃金 W になる。ピケティにあってもリカードウやマルクス同様、資本家と労働者は対立関係になる。

マルクスの場合には、資本家の取り分は剰余価値 m、労働者の取り分は可変資本（＝賃金）v で表す。国民所得 Y は、マルクスの v ＋ m になる。マルクスの場合は、m ／ v が剰余価値率で、資本家と労働者の階級関係を表す。この比率が上がれば、資本家の力の増大を示す。マルクスの m はピケティの $α$ Y、v は Y − $α$ Y なので、m ／ v は $α$ Y ／（1 − $α$）Y となる。つまり、マルクスの v ／ m はピケティの $α$ ／（1 − $α$）である。マルクスがピケティを読めば、r>g よりも $α$ そのものを重視するであろう。

ピケティは、この $α$ を r × $β$ で表現する。r は資本収益率、$β$ は資本と所得の比率であり、資本家の支配力の指標となる。本来は $α$ だけで十分に格差の分析はできる。

ピケティは、$α$ のデータとして、次のグラフを示す。

図 2-3 は、$α$ が先進国において長期的にはなだらかな上昇傾向にあ

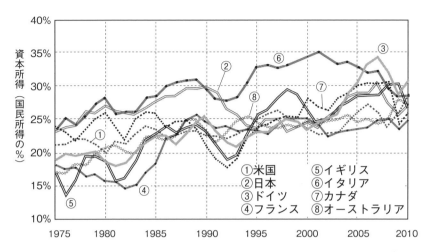

図2-3 金持ち国の資本シェア 1975-2010 (http://piketty.pse.ens.fr/capital21c)

ることを示している。a は国民所得に占める資本家の所得の比率であり、これが分配論ということになる。この増大は資本の力の増大である。

ピケティは、a を資本収益率 r と資本／所得比 β の積として表す。このことによって、r が4～5％で歴史的に安定しているとすれば、資本／所得比率 β が重要になってくる。

資本／所得比率 β

資本／所得比率 β は、ピケティの理論にとっては、鍵となる。$r>g$ よりも、大きな意味を持つ。

先にアメリカの上位10％が国民所得に占める割合の変化を示した図1-1を紹介した。ピケティの『21世紀の資本』にとって、図1-1と並んで重要なのが図2-4である。ピケティ理論の表現としては、図1-1よりも図2-4の方が、ふさわしい。

図2-4は、ドイツとフランスとイギリスの資本価値と国民所得の比である。ここにも明確な傾向がつかめる。第1次世界大戦（1914）が始まると、国民所得に占める資本価値の比が低下し、1980年以降、

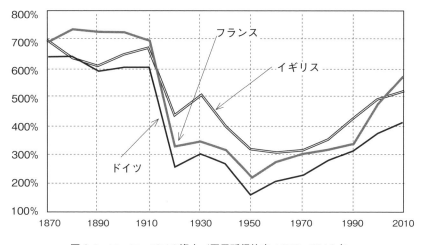

図2-4 ヨーロッパでの資本／国民所得比率 1870 - 2010 年
民間資本の市場価値／国民所得（％）（http://piketty.pse.ens.fr/capital21c）

上昇に転じている。これもU字型である。**図1-1**のアメリカの上位10％の国民所得に占める割合では、U字型の始まりは第1次世界大戦よりも後ろにずれ込む。これはアメリカにとって第1次世界大戦が総力戦でなかったことを意味する。

　ヨーロッパにとっては異なる。第1次世界大戦を境に資本／所得比は急激に下落する。そして、1980年代の政治的な保守主義、経済学説としてのマネタリズムや市場主義の復活によって上昇に転じ、ベルリンの壁の崩壊やソビエト連邦の解体による東西冷戦の終結によって加速度的に上昇している。戦争を資本主義の例外とするピケティにとっては、このヨーロッパの $β$ のグラフの方が、きれいなU字型であり、ピケティの説を裏づけるものとしては、第1章で紹介した**図1-1**よりも説得力がある。

　この $β$ はピケティにとっては重要だが、マルクスにとっては必ずしも重要ではない。マルクスの場合、ある産業が資本をどれだけ使うかは、その時代の技術によって異なる。綿工業は鉄鋼業よりも機械設備は少ない。資本／所得比が大きいことが資本の強さを占めるとは考え

ない。マルクスにとっては、β が大きければ資本家に有利というものではない。

ピケティの場合もこの点は踏まえているので、β の意味は基本的には歴史データに対する統計指標としての意味を持つと考えられる。ピケティの資本は、収益を生む資産のすべてであり、国民所得を軸にこの資産の量を測ってみようということである。

図 2-5 は、先進国の 1970 年以降の資本／所得比の推移である。資本／所得比 β が、全体的に上昇傾向にあることを示している。ピケティは、資本と所得の比において資本が上昇することは、資本の収益の増加につながり、格差の拡大につながる、と考える。つまり、先進国において格差は拡大しているのである。

ただし、図 2-5 において特異なのは、1 番上の日本である。1990 年のバブルの年は、β が 800％に近づいている。図 2-5 は先進国だけのグラフであるが、経済の安定した先進国の中では、日本のバブル期だけは突出していたのである。β のグラフは、日本の転落も見事に描いてくれている。株や不動産のバブル期のグラフは、日本のバブルを富士山型の綺麗なグラフで示すが、ピケティの β の分子の資本には、株

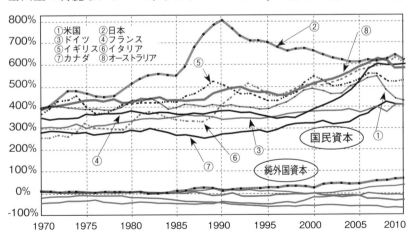

図 2-5　金持ち国の資本／国民資本比 1970-2010
(http://piketty.pse.ens.fr/capital21c)

や不動産だけではなく、実物資本が含まれている。資本全体としての繁栄と転落が表現されているのである。ピケティのβは図らずも日本のバブルが先進国では異例なものであったことを教えてくれたのである。

第2の基本法則 $\beta = s/g$

　ピケティは、第2の基本法則として$\beta = s/g$を取り上げる。

　貯蓄率をs、経済成長率をgとすると、$\beta = s/g$という式が導かれる。この式は経済学ではβとgを入れ替えて、$g = s/\beta$で表記され、ハロッド＝ドーマの成長モデルと呼ばれる。論争の的になっていた数式である。

　この式は次のように導かれる。国民所得は、最終的には貯蓄されるか消費されるかのいずれかである。貯蓄額を大文字のSで表し、国民所得を以前と同じYで表す。貯蓄率は、$s = S/Y$である。経済成長率は、$g = \Delta Y/Y$である。

　資本／所得比率$\beta = K$（資本額）／Y（国民所得）であるが、$K/Y = \Delta K/\Delta Y = \beta$と仮定する。$\Delta K$は資本Kの増加分であり、投資（I）である。したがって、$\beta = I/\Delta Y$である。

　他方、国民所得の計算では、貯蓄は投資に等しいとする。貯蓄額S＝投資Iである。国民所得（Y）は、賃金（W）と資本収益額（R）として分配され、その後に消費（Cと表記する）されるか貯蓄（S）されるかのいずれかである。また、国民所得は新たに生産された付加価値の総量でもあり、財やサービスの形を取っている。財やサービスとしての国民所得は、消費されるか、投資されるかのいずれかである。同じ国民所得に対する2つの見方において、消費の部分は共通なので、国民所得の計算では、双方の残りの部分である貯蓄額Sと投資Iは等しいと考える。

　$(s/g) = (S/Y)/(\Delta Y/Y) = S/\Delta Y$となる。ここで貯蓄S＝投資Iとすると、$(s/g) = I/\Delta Y$となり、$\beta = I/\Delta Y$

と等しくなる。

　以上によって、$\beta = s/g$ は成立する。

　β が大きくなることが、ピケティにとっては資本の影響力が拡大することである。このことを前提にピケティは、低成長経済と資本の復活との関係を、例えば次のように説明する。

　貯蓄率を12％と固定すると、成長率gが2％の時には、資本所得比率 β は600％で、成長率が1％に落ちると資本／所得比率 β が1200％になる。成長率の低下は、そのまま β の増大につながるのである。1980年代以降の先進国における資本の復活もこれで説明される。

　しかし、ピケティのようにsとgをバラバラに見ることは、貯蓄＝投資の考え方を前提にすると、通常は無理がある。経済成長と投資は密接な関係にあり、投資（＝貯蓄）が増えれば経済も成長する。経済成長が低い時は投資（＝貯蓄）も低い。分子と分母は比例関係にある。このようなケースでは、ピケティの主張は成立しない。

　とはいえ、日本のように企業が膨大な営業余剰を計上しても投資しないようなケース、すなわち営業余剰も含む貯蓄が投資に結びつかないようなケースでは、そのまま当てはまる。低成長下で資本の割合が大きくなるのである。

　ところで、ピケティは、この $\beta = s/g$ を資本主義の第2の基本法則と呼び、資本主義の長期の基本法則とする。

　長期法則であるという意味は、貯蓄率が12％で経済成長率が2％の国をこの公式に当てはめれば、長期的には資本／所得比率は、600％になるように調整されるという意味である。また、資本ゼロの国が、12％ずつ貯蓄しても、所得6年分の資本を蓄積するのに50年かかるとも説明している（175頁）。ただし、この説明は比喩的な表現であり、現実的なものではないと思われる。

　β と $\beta = s/g$ は、ピケティにとっては重要である。ピケティは、世界全体の動向を下の図2-6で示す。U字型を描きつつ明らかに上昇傾向にある。

　ところで、経済学には資本の限界生産性が逓減するという考え方が

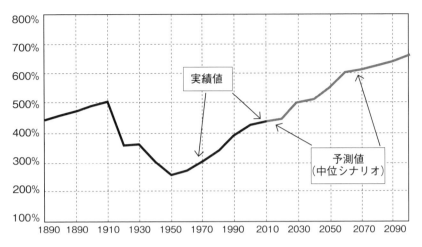

図2-6　世界の資本／国民所得比率 1870‐2100 年
(http://piketty.pse.ens.fr/capital21c)

ある。もともとは農業から来た考え方である。一定の土地に資本（種や肥料など）を多く投下すれば、作物の収穫量は全体としては増加するが、収穫の増加分だけ見れば、増え方はだんだんと少なくなるという考え方である。これを製造業、さらには先進国と発展途上国との関係にも適用したものである。

　この考え方は正しいとピケティは認める。しかし、正しいとすれば、資本の限界生産性の逓減、つまり資本の効率性の低下という問題が生じる。資本を増やせば生産量は増えるが、増え方はどんどん減る、という問題である。

　そこでピケティは、資本と労働力との代替の弾力性は1以上であるという考え方を出す。これは、資本を増やすことで労働を減らすことができて、むしろその方が生産にとって効率的な場合である。

　ところで、資本の限界生産性や資本と労働の代替の弾力性の問題を考察する時、ピケティの資本家は、モノづくりの資本家になっている。もともとピケティの資本家は、株や賃貸用マンションの所有者なども資本であったはずである。賃貸用マンションとその収入に資本と労働

の代替の問題があるとは考えにくい。

　マルクスの場合には、資本の限界生産性の問題も、資本と労働との代替の問題も基本的には生じない。マルクスは、生産方法は技術的に決まると考えている。資本の増加が収益を低下させる局面は、マルクスの景気循環論の中には見られる。好景気の時期に資本が拡大し、労働力が不足すると、資本を増やしても賃金が上昇して利潤が減る状況になる。利潤がゼロの状態を、マルクスは資本の絶対的過剰と呼び、恐慌の原因の1つとする。過剰とは、資本の労働力に対する過剰である。

　しかし、マルクスの場合、基本的には、資本財の何をどの比率で生産に使用するか、また資本に対して労働者を使用する比率に関しては、資本家はその時の最適の技術に従うと考える。機械1台に労働者1人が最適なのに、労働者を10人入れたらどうなるか、と考える資本家はマルクスにはいない。

第3章 ピケティとマルクス
―マルクスの反論―

資本「論」問題

　ピケティの『21世紀の資本』が、マルクスの『資本論』を意識していることは広く語られている。しかし、ピケティは『資本論』を読んでいないのではないか、という噂もまことしやかに広まっている。『21世紀の資本』では、ピケティは、『資本論』が分かりにくかったことを述べている。いずれにせよ、ピケティは、マルクスの問題関心を現代に復活させたが、マルクスの経済学の中身は継承しなかった。

　ところで、マルクスの『資本論』には、「論」がついているのに、ピケティの本のタイトルは「資本」で止まっていて「論」がない。このことに日本の読者は戸惑いを覚える。この問題に、若干の解説を加えておこう。

　『資本論』のタイトルは、ドイツ語のDas Kapital。Dasは定冠詞、Kapitalは名詞の「資本」である。つまり、「論」は日本人の翻訳者が付けたものであり、日本語訳を参考にした中国語訳も『資本論』になっている。

　『資本論』の第1部初版は、1867年に刊行されたが、マルクスは、これに先立って、『経済学批判』(1859)を出版していた。その序言で、執筆プランを、資本・土地所有・賃労働、国家・外国貿易・世界市場、と予告していたのである。

　「資本」は執筆プランの最初である。『資本論』と『経済学批判』の執筆プランの関係をめぐっては、マルクス経済学の中に大きな論争があった。しかし、「資本」の解明に必要な限りでの土地所有や賃労働

の内容の一部を取り入れて、『資本論』Das Kapital（資本）が出版されたものと考えられる。エンゲルスが監修した英語版は、定冠詞のないCapital。マルクスの監修したフランス語版はLe Capital。ピケティはLe capitalと表記している。直訳ではいずれも「資本」であり、「論」があるかないかは、日本語訳に限っての問題である。

ピケティから見たマルクスの旧さ

　ピケティとマルクスの関係については、ピケティの『新・資本論』が興味深い。フランスの労働運動を批判して次のように言う。
　　マルクス主義が抜け切らない左派が最低賃金にむやみにこだわるのは、驚くには当たらない。彼らはいまだに、資本主義の唯一の不平等として労働者と経営者を対比させ、労働者は永遠に貧しく経営者は永遠に裕福だと考えたがっている。だから何かにつけて経営者が金を出すべきだと言う。議論に急いで決着をつけようとすると、ますます短絡的になりやすい。（『新・資本論』79頁）
　ピケティに言わせれば、経営者と言っても零細企業の経営者もいる。これを考えたら、最低賃金の引き上げにこだわるよりも、フランスの勤労奨励手当制度を使って、国家を巻き込んだ所得再配分を改善した方がよいという主張である。
　この文脈の中で、マルクス主義者は、ピケティの目には、19世紀から相変わらず資本家対労働者の対立しか見えない集団と映っている。格差は資本家か労働者かの枠を超えて、資産を持つか持たないかに広がっているのである。マルクスからはこの問題は出てこない。
　ピケティが自らの『21世紀の資本』はマルクスを前進させたと考えるのは、第一義的には用いたデータの量である。『21世紀の資本』の中では、これまでの格差問題が、不十分なデータの下に語られていることに強い不満が示されている。マルクスに対しても、ピケティは、当時のデータを使い切っていなかったと批判している。
　しかし、ピケティの自負は、データによる実証性だけではない。批

判の矛先を「世襲」資本主義に移したことにある。マルクスの資本家は働く資本家であり、経営に携わる資本家である。資本を投資し、労働者を監督し、生産を組織する資本家であった。彼らは、利潤をわがものとするが、それは資本家としての経営努力の対価として「報酬」の形で受け取る。

しかし、利潤は、スミスが言うように、資本家活動に比例するのではなく、資本の量に比例する。リカードウは、資本家の得る利潤と労働者の得る賃金が対立関係にあることを説いた。マルクスは、資本家と労働者の関係を階級関係として説いた。批判の対象となっているのは「働く」資本家であった。

ピケティが描き出す資本家には、働く資本家だけではなく、何もしないで巨富を得る資産家も含まれる。世襲資産家がその象徴である。経済成長率 g の停滞が資本／所得比率 β を高め、資産家が富み格差が拡大する。

ピケティの『21世紀の資本』からは、優秀なファンドマネージャーと契約し、巨富を得る資産家像が浮かび上がる。マルクスに対しては、「資本家も働いている」と反論できるが、ピケティに反論するのはむずかしい。

ピケティにとってフランス労働運動の左派が旧く見えるのは、マルクスを引きずって今の「世襲」資本主義を見ていないからである。「世襲」資本主義に対抗するには、資本家と対峙するだけではなく、国家を巻き込んだ政策を作らなければならない、というのがピケティの主張となる。

不労所得者、マルクスとピケティ

古典派やマルクスの場合、不労所得者は地主である。土地は工場で作るわけにはいかないので、資本家は土地所有者に対しては、地代を払って土地を借りる。資本家にとっては妥協である。ピケティにとっては、賃貸用不動産の所有者は「資本家」なので、古典派やマルクスの地主も「資本家」になる。

地主は、資本主義的な生産関係の「外」の人であるが、例えば19世紀に農業を資本主義的に営むには、土地は買うよりも借りるのが一般的であった。この想定の下に、地代論は、古典派の手で発展してきた。しかし、古典派とマルクスにとっては、地主は資本家とは区別された階級である。

今でも貴族はヨーロッパには現存している。ピケティの『21世紀の資本』は、ここにも批判の矢を放っている。この点、ピケティはヨーロッパの貴族的伝統に対するラディカルな批判者でもある。

マルクスにとっては、地代は地主のようなシステムの枠「外」の人を資本主義の枠内に取り込むための方法であった。ピケティは、地主も資本家もまとめて「資本家」とし、格差分析の対象としている。

ピケティのマルクス

ピケティの『21世紀の資本』の中に登場するマルクス理論は、マルクスには身に覚えのない理論である。マルクス主義は20世紀の過半の時期、世界の知性を主導していた。ピケティの分厚い『21世紀の資本』の何倍も分厚いマルクスの『資本論』は、世界各国で天文学的な部数販売された。

しかし、このマルクスの名著は、ほとんど読まれることもなく本棚から押し入れに移され、読んでも理解されることなく、多くの誤解にもとづく分かり易い解説書だけが巷に流布されて行った。

ピケティが読まれ、マルクスが読まれなくなった現在、ピケティの『資本論』に対する誤読はそのままマルクス説として流布しかねない。

ピケティの『21世紀の資本』の中で、マルクスは最初に名前が登場する経済学者である。

> 19世紀にマルクスが信じていたように、私的な資本蓄積の力学により、富はますます少数者の手に集中してしまうのが歴史の必然なのだろうか？（1頁）

この一文は、マルクスに語らせてはいるが、ピケティの本の主題で

ある。そして、ピケティの自著での答えは、何もしなければそうなる、である。

　ピケティが紹介しているマルクスの学説は、ピケティによって「無限蓄積の原理」と呼ばれ、最初に紹介されている。その前提として、ピケティは古典派もマルクスも生産性の向上を否定していると信じている。

　　　先人たちと同様にマルクスもまた、持続的な技術的進歩と安定的な生産性上昇の可能性を完全に否定していた。(11頁)

　ピケティは、第21章で「再びマルクスの利潤率の低下」という項を設け、立ち入ってマルクスを論じている。ピケティの資本／所得比率βとマルクスとの関係である。ただし、ピケティは「彼（マルクス）の散文は必ずしも分かり易くなかったので、マルクスの考えについて断言はしにくい」(236頁)と断り書きを入れているが…。

　　　生産性と人口の成長率gがゼロの場合、マルクスが述べたものととてもよく似た論理的矛盾が出てくる。・・・・一般的に言うと、gがゼロに近い場合、長期的資本／所得比率β =s/gは無限大に向かおうとする。そしてβが極めて大きい場合、資本収益率rはどんどん下がり、ゼロにいっそう近づく。そうでなければ所得の資本シェア、α =r×βが最終的に国民所得を食い尽くす。
　　　つまり、マルクスが指摘した動学的矛盾は、確かに本物の困難を示すものだ。(235－237頁)

　いずれにせよ、事態は悪化したがマルクスの言うほどではなく、マルクスの予言は外れたということである。

　ピケティのマルクスに関する紹介は、マルクスの学説とは違いすぎる。誤解なのか、マルクスを自分の理論に取り込むための手法なのかは判断できない。しかし、マルクスにとっては「身の覚えのない」ことであり、弁明の機会が必要であろう。

ピケティの誤解——生産性

　ピケティは、古典派もマルクスも、基本的には生産性の上昇を理論の中に取り入れていないと考えているようである。しかし、アダム・スミスの登場が鮮烈だったのは、『国富論』の冒頭で紹介されたピン製造業における分業の効果である。スミスは、1人で1日にピンを作ると1本からせいぜい20本しか作ることはできないが、ピンを作る工程を18に分け、10人で製造すると1日に48000本のピンを作ることができるようになる、と言う。ひとり当たり4800本。基準となった1日に最大20本作る勤勉な労働者と比較すると、生産性は240倍である。

　マルクスの場合には、分業ではなく機械制大工業が分析のベースである。『資本論』の冒頭の「第1章　商品」では、生産性の向上を価値論とは区別して定義する。生産性は、労働時間と生産された生産物の量との関係であり、同じものが半分の労働時間で作られるようになったならば、生産性が2倍になったとみなされる。価値をどれだけ作るかではなく、物としての生産物をどれだけ効率的に作るかが、生産性の基準である。

　そして、生産性の向上は、マルクスにとっては資本主義の一般的な法則とされる。先に紹介したように、他の資本家に先駆けて生産性の高い新しい生産方法（通常は機械）を採用した資本家は、他の資本家よりも少ない労働時間、少ない費用で商品を生産することができる。このことによって、平均的な利潤以上の利潤（特別剰余価値、と呼ぶ）を得ることができる。生産性の高い機械を導入することは、資本家にとって重要なことなのである。

　資本家は、より多くの利潤を求める存在であり、そのために生産方法を改良して、特別剰余価値を求める。特別剰余価値は、新しい生産方法が普及すると消滅する。資本家が競争関係におかれている限り、生産性の向上が資本主義の宿命なのである。

　レーニンの時代になれば、重化学工業の下で巨大な設備が建設され、

固定資本を入れ替える費用が巨額になることから、生産性の低い旧い固定資本が取り替えられずに使われ続けるという問題も生じる。レーニンはこれを資本主義の「腐朽性」の一つとして問題にしている。

マルクスはこの問題を道徳的摩損と呼ぶが、旧い技術は恐慌が整理してくれると考えている。ほぼ10年周期の恐慌ごとに、旧い機械を廃棄して新しい生産性の高い技術を取り入れて成長する資本主義が、マルクスの資本主義である。

したがって、実質国民所得の上昇は、資本主義の一般的な傾向である。マルクスにとってgが限りなくゼロに近いという解釈は、ピケティの誤解である。

マルクスの資本主義

ピケティの理解するマルクスは、生産性gを限りなくゼロに近く考える。ピケティの第2法則、$\beta = s/g$ からすると β は無限に大きくなる。β が大きくなれば、ピケティは資本の限界生産性は下がるが、それ以上に資本から得られる収入の量は増え、$\alpha = r \times \beta$ は増え続けると考える。資本から得られる収入が増え続ければ、α が1に近づき、「国民所得を食いつぶす」。勤労者の賃金はゼロになる、ということである。

これが、ピケティの考えるマルクス理論であり、マルクスの予言である。ピケティの誤解を解くためには、マルクス理論に立ち戻る必要がある。

マルクスの経済学のベースには、唯物史観と呼ばれる歴史観がある。それは、人間の社会を経済的な基礎から明らかにする考え方である。生産物の生産や社会的な分配、そして消費などの経済活動は、人間が集団で社会的に生きている限り、いつでもどこでも必要なものである。

しかし、生産をめぐる関係は社会や歴史の発展段階によって異なる。封建社会の下では領主と農民の関係が基本となったが、資本主義的な生産においては、資本家が労働者を雇って生産活動を行う関係が基本

となる。生産をめぐる人間関係を生産関係と呼ぶ。一定の生産関係は、一定の生産力の発展に対応しており、機械制大工業に対応しているのが資本主義的な生産関係である。

『資本論』の課題は、歴史的に一つの発展段階を形成した資本主義経済である。マルクスの『資本論』の特徴は、経済を一般的に考察しているのではなく、特定の経済システムである資本主義経済を考察している点にある。

唯物史観自体は、『資本論』の枠を超えていくつかの命題を提供する。その一つが、生産力と生産関係の矛盾による歴史の発展である。封建社会の下での生産力の発展が、市民革命と資本主義の時代をもたらしたように、生産力の発展が旧い生産関係に適応できなくなった時に変革が起きるという指摘である。

マルクスの予言が外れたという場合、社会主義革命が先進国イギリスではなくロシアや中国など遅れた国で起きたことを指すことが多い。唯物史観の考え方では、生産力が十分に発展した国から社会主義革命が起こるとしか考えられないからである。

『資本論』の中の唯物史観の重要な思想は、労働生産過程を社会の基礎として置く点にある。人間の社会は、いつでもどこでも、労働生産過程を不可欠のものとしている。この労働生産過程が資本によって担われると資本主義的な生産過程となる。物を作るだけの過程が価値を形成し、増殖する過程へと変化し、一つの時代を作るのである。

自由、平等、しかし搾取

マルクスにとって、資本とは何か。マルクスは、資本を一つの形式で表現する。ドイツ語のアルファベットで $G-W-G$ である。G は貨幣（Geld）、W は商品（Ware）の頭文字である。この形式の最後の G は、G よりも増加した貨幣であり、内容としては増加分の ΔG を加えた $G+\Delta G$ である。最初の G との量が違うことを示す場合は、G' で表す。マルクスにとって資本は価値を増やすための運動形式であった。

この式は、資本が貨幣を投下して回収される時に、投下の時点よりも増えていることを表す。商人の場合は、商品を安く買って高く売る。金貸は、お金を貸して、元金と利子を回収する。産業資本家は、貨幣を投下して労働力と生産手段を購入し、生産活動を行い、新しい価値を付加して商品を作り、その商品を売って利潤を得る。マルクスは、産業資本が資本主義社会において最も重要な資本であると考える。

いつの時代にもどの社会にもある労働生産過程が、$G-W-G'$という資本形式によって担われると、物を作るとともに価値を作る過程に変化する。生産の目的がたんに生産物を作ることではなく価値を形成し増殖することに変わるのである。

マルクスは、賃金を生存費に等しいものと考える。資本家は、労働者には1日の生活に必要な生活資料を与えるものと考えている。社会が存続するための不可欠の条件だからである。この生活水準がどのようなものかは、歴史的文化的状況で決まる。ピケティはこの点、マルクスを誤解している。

たとえば、労働者が1日の生活資料を生産するのに5時間の労働時間が必要であるとする。これを必要労働時間と呼ぶ。この5時間の労働によって作られた生活資料は、賃金と等価になる。これを「労働力の価値」と呼ぶ。しかし、労働者は労働の価値部分を超えて働くことができる。たとえば8時間働いたとする。8時間から5時間を引くと3時間が残る。この3時間の労働が剰余労働である。剰余労働が作り出す生産物は、封建時代であれば「年貢」になり、資本主義経済の場合には、剰余価値を形成し、資本家の利潤になる。

マルクスにしたがって、労働力の価値部分をv（可変資本）、剰余価値をmとする。資本家と労働者の関係は、価値論の領域では、非常に分かりやすい。m/vである。これを剰余価値率と呼ぶ。この比率の増加は資本家の力の増大を示す。

マルクスは、資本家は不等価交換によって利潤を得ているのではない、と考えている。資本家が労働者に支払う賃金は、働くことができるという意味での「労働力」に対する対価であり、労働力と賃金との

関係は、自由と平等に基づく等価交換である。

しかし、労働者は必要労働時間を超えて働く能力があるため、労働者が行う労働は、労働力の価値部分を超えて剰余価値を生産することができる。この部分が資本家のものになるのである。

資本主義の搾取は、領主や国王のような権力による搾取ではない。市民革命後の自由と平等の理念に基づく経済システムの中での搾取である。資本家はこの理念に照らして不正は行っていない。市場の交換は、自由な、そして平等な交換であり、身分的な差別はない。しかし、それにもかかわらず搾取が行われている。

その理由を、マルクスは、労働と労働力を区別することで解いたのである。賃金は労働力に対する等価、すなわち生活資料と等価である。しかし、労働者の労働は、労働力の価値部分を超えて行われる。賃金契約は、労働者の労働時間での契約であり、このシステムが搾取を隠ぺいする。賃金契約を時間単位で結ぶことによって、労働時間のすべてが賃金で払われているような幻想が生まれるとマルクスは指摘する。

産業資本の生産活動には、労働力だけではなく、生産手段（機械や原料など）も使用される。マルクスは、原料の価値は使用された原料のすべてが商品に移転され、機械や建物の価値は減価償却費のように一部ずつ移転されると考える。原料や機械などの価値部分を不変資本と呼び、cで表記する。

資本にとっては、可変資本も不変資本も費用である。費用の総額に対する剰余価値の比率が利潤率となる。そこで資本家の利潤率は、$p = m/(c+v)$ で表される。この利潤率が資本家にとっては行動の基準である。資本家は、費用価格$(c+v)$に利潤を加えて価格をつける。ところが、このようにして付けられた価格は、商品の価値とは異なる。

cとvの比率（c/v）は資本の有機的構成と呼ばれ、どのような商品を作るかによって異なる。資本の有機的構成は、巨大な設備を必要とする製鉄業の方が綿工業より高い。これは技術的な問題であり、産業部門ごとに違うのである。資本の有機的構成の違いが労働時間による交換ではなく、生産価格による交換を現実的なものとする。交換

は、労働時間によって決まる価値ではなく、価値からズレた生産価格によって行われる。

しかし、マルクスは、1つの社会で作られた価値の全体量と生産価格の総量は等しく、また剰余価値と利潤の総量も等しいと言う。階級としての全体の資本家と労働者の関係には、価値論での分析が有効である、と考えている[1]。

『資本論』の予言

先に紹介したように、マルクスは、資本主義が歴史的な1つの発展段階として存続する以上、労働者の生活資料に相当する部分は、賃金として支払われる、と考えている。賃金＝生存費説の考え方である。

一般に信じられているように、確かにマルクスは資本家と労働者の対立を説いている。しかし、『資本論』に登場する資本家と労働者の闘いは、賃金の引き上げではなく、「労働日をめぐる闘争」である。この場合の「労働日」とは1日の労働時間を指す。もちろん労働時間の延長は、時間当たり賃金の下落につながる。しかし、生存費説を基本に置くと、賃金よりも労働時間の方に資本家と労働者の対立の中心が移ったと考えられる。

マルクスの剰余理論からすれば、資本家が剰余価値（利潤）を増やす方法は、2つある。1日の労働時間を長くするか、賃金を低くするかである。前者を「絶対的剰余価値の生産」、後者を「相対的剰余価値の生産」と呼ぶ。

絶対的剰余価値の生産の問題は、「労働日をめぐる闘争」につながる。ただし、「相対的剰余価値の生産」、つまり賃金を低くする方法は、ピケティのイメージとは異なる。ピケティは、国民所得のすべてを資本家が取ること、つまり賃金がゼロになることをマルクスは予言し、外れたとしている。

しかし、マルクスの場合は、分析の基本的な考え方として、実質賃金は下がらないと考えている。相対的剰余価値の生産とは、生産性の

向上によって、生活資料が安く作られるようになり、名目賃金が下がっても実質賃金が保証される状態での剰余価値（利潤）の増大である。ピケティが言うように、マルクスは、生産性の向上も成長率もゼロに近いと想定しているわけではない。マルクスの描く労働者は、資本主義社会の存続を前提に、生存費を賃金として支払われる労働者である。なお、この問題は終章で再考する。

とはいえ、長期的な傾向法則は、別の問題を提起する。「窮乏化法則」である。ここでもピケティの紹介とは逆に、マルクスは機械の採用による生産性の向上を労働者の運命に結びつけている。

資本家の新しく採用する技術が、労働力よりも生産手段（機械や原料）を多く使う技術であれば、労働者に対する需要は減り、賃金は下落する。マルクスは働く意志のある失業者を産業予備軍と呼ぶが、産業予備軍の拡大が、賃金を下げる圧力となる。

もちろん、生産手段よりも労働力を多く採用する技術が導入されれば、賃金は上昇する。しかし、資本主義経済の一般的な傾向としては、価値の高い新しい機械の採用が基本であり、この場合には労働力に対する需要は減る。したがって、資本主義の発展は、労働者を窮乏化させる傾向を持つ、ということである。

また、マルクスは、利潤率を $p=m/(c+v)$ と表わす。m は剰余価値（利潤）、v は賃金、c は生産手段である。この式で右辺の分子と分母を v で割ると、$p=(m/v)/\{1+(C/V)\}$ となる。資本主義経済が、一般的に労働力 v よりも改良された機械 c を導入するということは、分母の c/v が大きくなることである。分母が大きくなれば利潤率 p は下がる。つまり、資本主義が発展すればするほど利潤率は低下する傾向がある、ということである。

これらは傾向法則である。新しい機械が採用されても、新しい機械の効率が良く、かつ安い場合には、こうした傾向は打ち消すことができるし、さまざまな方法での剰余価値の増大もこの傾向を打ち消す。しかし、マルクスは一般的な傾向法則としては、利潤率の傾向的低下は作用すると考えている。今日、生産性の向上は利潤率の上昇にも経

済の成長にもつながっていない。マルクスの予言が外れたとは言えないであろう。

　マルクスは、資本主義を歴史上の1つの発展段階として見ている。その意味は、一定の時期に形成され、一定の時期に終わりを迎えるという意味である。それは、人間が商品や貨幣や資本に振り回されることなく、経済を制御することのできる社会が到来するということである。これがマルクスの社会主義社会であった。『資本論』は資本主義経済を分析した本であり、この中で社会主義は論じられていない。しかし、マルクスは社会主義の資本主義に対する優位性を確信して『資本論』を書いている。

　マルクスの墓は、ロンドンのハイゲート墓地にある。マルクスの胸像の下に、『共産党宣言』(1848)の有名な一文「万国のプロレタリアート、団結せよ」が刻まれている。その墓の台座には、「哲学者はこれまで世界をさまざまに解釈してきた。しかし、重要なのは世界を変えることなのである」とある。青年期のマルクスのメモ(『フォイエルバッハに関するテーゼ』1845)である。

注

(1) マルクスは、剰余価値は、労働者が生み出した剰余労働に基づくものであるが、この関係は、資本主義経済の中では隠ぺいされるという。何よりも、賃金が労働者の生活資料の価値によって決まる「労働力の価値」に対する対価なのに、人々は剰余労働も含む労働そのものに対する対価として認識する。また、剰余価値率も利潤率も、労働時間だけではなく、一定期間に資本が何回回転するかによって決まる。生産期間や販売期間は短い方が利潤率は上がるのである。この関係も、剰余価値の秘密を隠ぺいする。そして、資本家が労働力と生産手段をまとめて費用として認識していることが、剰余価値の秘密を隠してしまうという。

さらに、資本家の取得する利潤の一部は、利子として支払われ、残りが資本家の労働に対する報酬とされて、賃金と同じように理解されるようになる。その結果、資本—利子、土地—地代、労働—賃金、という関係が成立する。マルクスはこれを、キリスト教の父なる神—子なるキリスト—精霊、になぞらえて三位一体と呼ぶ。搾取関係を日常生活の中で知ることはできないのである。戯画化した言い方をすれば、『資本論』を読まなければ、搾取を理解することも、さらには気づくことさえもない。これが、マルクスの描こうとした資本主義である。

資本主義経済は、自由と平等の中で搾取関係を形成し、それを隠してしまう仕組みを持っている。古典派経済学を継承したマルクスが、『資本論』のサブタイトルに「経済学批判」と付した理由は、歴史的に見た資本主義の特殊な性格と資本主義の自由と平等のシステムの中での搾取とその隠蔽のシステムを認識できなかった古典派経済学への批判の意味が込められている。

コラム◉価値論、150年のギャップ

　古典派の価値論と現在の経済学の主流をなす価値論とはあまりにも異なる。どのような差異があるのか立ち入っておこう。価値論は、経済学の中でもマニアックなオタクの世界である。重要ではあるが役に立つとは限らない。飛ばしていただいても結構である。

　アダム・スミスやリカードウなどの古典派経済学、そしてこれを継承したマルクスは、商品の価値の決定理論として、労働価値論をベースとした生産費説をとっていた。商品の価値は、労働時間あるいは費用プラス利潤（この場合には労働時間から一定の範囲で修正される）によって決まる。商品の価値は、もっぱら供給の側面から決まる、と考えられていたのである。

　古典派の価値論に対して、1870年代に登場したのが、商品の価値を需要の側から考察する理論である。この理論は、幸福の量を計測できると考えていた功利主義の哲学と数学における微分法の普及によってもたらされた。

　例えば、缶ビールを1本飲んだとする。この時の満足度が10と計測できたとする。1本飲んだ時の満足度は高いが、2本目の満足度は6になる、3本目の満足度は3、4本目は1、である。価値は、1本だけ需要するなら10、4本なら1である。この関係を社会全体として見ると、効用曲線が得られる。この効用曲線が、需要関数となる。需要関数が右下がりで描かれる理由は、限界効用逓減の法則にある。減少はするがその幅が小さくなることを「逓減」と呼ぶ。

　消費における満足度である効用を直接に計測できるという考え方については、多くの批判があり、修正されている。一般には2つの商品を取って、一方の商品を減らした時に他方の商品を増やして、2つの商品の合計の効用が等しい曲線を描く。ここには限界効用の逓減の考え方は維持され、原点に対して凸型のなだらか

な曲線が描かれる。

　この限界理論の考え方は、生産にも応用されるようになる。需要曲線だけではなく、供給曲線もまた限界理論に基づいて作られる。この場合は、機械などの固定設備の存在が鍵となる。

　例えば、立派な設備を備えてパンを1個しかつくらないとすると、1個のパンの費用はとんでもないほど高額になる。製造するパンを2個、3個と増やしていくと、増やされた1個分のパンの費用は、だんだん下がってくる。費用は安くなるが、費用が安くなる度合いは小さくなる。「逓減」の考え方である。

　限界費用は、はじめは逓減する。しかし、設備と生産量の最適の関係を超えてパンを製造しようとすると費用は逓増し始める。限界費用の逓減から逓増の関係への転換は、数学の凹型の2次曲線のイメージである。この曲線の中で、右上がりの部分、すなわち費用逓増部分の一部が、供給曲線として使用される。これが、右上がりの供給曲線の理由である。

　こうした限界理論を集大成した経済学者がマーシャル（Alfred Marshall, 1842～1924）であり、彼は微分法こそが経済学を科学にすると考えていた。

　費用曲線の逓減と逓増のプロセスは、機械設備を増やさずに生産量だけを増やすという仮定の下で成り立っており、この仮定自体は経済学者が作った仮定である。生産の現場がどう判断するかは分からない。限界費用曲線は、現在の経済学の通説であるが、本当にそうなのかという現実性は、常に問われている。

　マルクスと限界理論とは時期を異にしている。限界理論の登場は1870年代であるが、限界理論は1890年代までほとんど普及することはなかったと言われており、マルクスもこれに対する言及は行っていない。

　古典派経済学やマルクスの経済学では、生産の仕方は技術的に決まっており、さまざま生産手段の構成も、資本財全体と労働力の構成も、一定の時代とその中での生産部門の違いによって異な

る、と考える。商品の価値は、生産費によって決まり、生産を2倍にする場合には、資本と労働の構成比を同じままにして構成要素を2倍にすると考える。

　不変資本 c は、機械や建物などのように生産の場に固定されて使われるものと、原料のように商品の生産にすべて使われてしまうものとに分かれる。前者は固定資本、後者は流動資本と呼ばれる。流動資本の価値は、1つの商品の中にすべて移転するが、固定資本の価値は少しずつ移転する。減価償却費の考え方である。1000万円の機械が10年使用できるとすれば1年に100万円ずつ移転し、1年に商品が10万個作られるとすれば、機械の価値は商品1個当たり10円ずつ含まれることになる。

　こうした考えの中に、限界費用の逓減と逓増の描くような曲線はない。マルクスの場合には、生産量の決定に際しては、資本家はそれに見合った最適な生産要素の構成を維持して規模を拡大すると考える。古典派からマルクスへとつながる生産費説は、むしろ日常感覚には馴染みやすい。

　他方、需要に関する効用理論もマルクスとは馴染まない。マルクスが欲望を価値の決定要因と考えるのは、生産が商品経済的に行われる以前の状態の物々交換においてである。この場合は、物々交換の当事者の欲望が交換比率を決める。

　しかし、マルクスは、機械制工業と資本主義の発達によって、生産費は技術に裏づけられて労働時間に比例するようになり、交換比率は交換当事者の欲望ではなく、生産の側で価値を決めるようになる、と考える。

　限界効用理論は、2つの問題が指摘される。第1に、商品を購入した人はそれを連続的に消費するという想定である。しかし、10本の缶ビールを買って、毎日1本ずつ消費する場合や、10人で1本ずつ消費する場合には、限界効用は逓減しない。また、2本飲んで一休みすれば、味覚が回復し3本目のビールは2本目よりおいしい。さらに、小説やDVDのように、個人が同じものを

２つ買う意味のない商品もある。トイレットペーパーに限界効用の逓減の法則を見出すのも難しい。第２に、仮に限界効用の低減が正しいとしても、それは消費の理論である。商品の価値は交換の場で問題になることであり、消費は交換が終わった後の場面である。

現在の価値論とマルクスとの違いは、商品の定義による。『資本論』の交換過程論から類推すると、マルクスにとって商品は、売りに出されてから買われるまでの交換の形式である。商品は、まず欲望の対象として認められ、次に価格の妥当性が認められ、そして購入される。

消費者の満足は、消費による満足であり、購入された商品は、すでに商品ではない。仮に限界効用理論が正しいとしても、それは消費の理論であり、商品の価値を決める理論ではない。消費以前の購買の局面で、消費者に限界効用の逓減の感覚が生じるとは考えにくいのである。

ピケティとマルクスの間に横たわる価値論の150年のギャップは大きい。価値論の相違は経済学の理論に大きく影響する。

しかし、この違いを明確に知ることで、ピケティと古典派やマルクスとの関係も明らかになる。ピケティは、経済学の課題を古典派やマルクスの課題、すなわち分配論に戻そうとしている。しかし、彼は、古典派やマルクスの理論的な基礎は採用せずに、現代の主流派の理論によってこの課題を解こうとするのである。

第4章 理解できない国、日本

不思議だ、誰も心配しない

　ピケティの『新・資本論』(フランス語のタイトルの直訳は、「ヨーロッパを救うことはできるのか」) の中に、日本についてのエッセイが収録されている。格差問題ではない。日本の財政問題である。『新・資本論』は、フランスの『リベラシオン』紙に掲載していたピケティの論説を収録したもので、以下の論説は2011年4月5日付である。アベノミクスが行われる以前の記事で、やや旧い。今の日本の事態はさらに深刻になっている。

　タイトルは、「日本—民間は金持ちで政府は借金まみれ」。論説の出だしは次のように始まる。ピケティの日本人に対する呆れ方が尋常ではないので、該当する段落すべて引用する。

　　ヨーロッパからみて、理解しがたい状況に、歯止めをかけることも、疑念をもつこともない日本の現状は摩訶不思議である。政府債務残高がGDPの2倍、つまりGDPの2年分にも達するというのに、日本では誰も心配していないように見えるのはどうしたことか。どんな事情で、あるいはどんな政治的決断によって、借金がこれほどまでに莫大になったのか。われわれは日本の政府債務をGDP比や絶対額で毎日目にしているのだが、これらは日本人にとって何の意味も持たないのか、それとも数字が発表されるたびに、みな大急ぎで目を逸らしてしまうのだろうか。(『新・資本論』、251頁。訳は必ずしも邦訳書に従ってはいない)

　もちろん、1人ひとりの日本人が心配しているかどうかは、知りよ

うがない。問題はメディアである。新聞もテレビも財政問題の危機には他人事のように報じるだけで、何ひとつ立ち入らない。昨今は、株価にマイナスの報道は自主規制しているのだろうか。ギリシャの財政危機に関しては踏み込んで報道するにもかかわらず、自らは顧みない。ギリシャは国際的な金融不安の危機を繰り返し起こしているが、数字だけなら日本の方が悪いのだ。図 4-1 に政府債務残高の対国民所得（GDP）比を国際比較したものを示す。日本の借金体質は世界でも突出している。

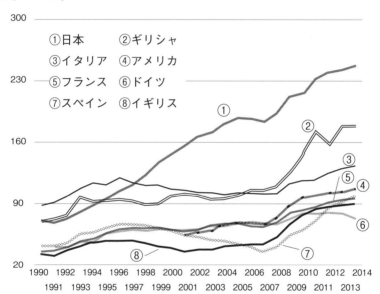

図 4-1　政府債務残高の対国民所得比
（Global Note, http://www.globalnote.jp/ より、出典 IMF）

　国民所得の２倍の政府債務は、戦争をしたわけでもないし、リーマン・ショックのような金融危機で大損をしたわけでもないのに生じている。平和時に、普通に予算を組んで支出して、その結果として破滅的な財政危機を迎えているのである。ピケティは、国民所得の２倍の累積債務はフランスでは前例がなく、イギリスでは、ナポレオン戦争と第２次世界大戦後の２度の経験があるだけであると指摘する。しか

し、ナポレオン戦争後から第1次世界大戦までの約100年間は、大英帝国の最盛期である。また、第2次世界大戦後は2桁インフレの時代である。これによってイギリスは財政問題を解決することができた。

日本でも第2次世界大戦後の財政破綻の経験がある。今日の財政状態は、戦後の焼け野原の頃の日本とあまり変わらない。当時は、預金封鎖や新円切り替えなどの強硬手段が用いられた。今は、そんな時代と同じレベルの財政赤字である。今の日本にイギリスのような幸運は期待できそうにもない。

なぜこんなことになったのかは、誰にもわからない。戦争もない平和な時代に借金まみれになった。あまりにも奇妙である。メディアも追及しない。誰のせいかもわからないが、誰のせいでもなく、少子高齢化が原因だという声はよく聞く。本当だろうか？本当にそうだとしても、少子高齢化は、自然災害や戦争や恐慌とは異なる。急に起こったわけではない。対策の時間は十分にあったはずだ。しかし、何もしてこなかったのである。今も、何も解決していない。

ピケティの目には、これが「理解できない国」と映る。日本人にも理解できない。ピケティの結論は、日本人は現実から目を背けているのであろう、ということである。私もそう思う。現実を突きつければ、選挙に不利だという判断が、この問題を選挙の争点から外している。

国債が暴落したら「想定外」ではすまされないのである。財政破綻が引き金になって経済が破綻する。迫りつつある危機を直視し、備えるべきである。アベノミクスによる株価の釣上げは、砂上の楼閣で最後の晩餐をしているような気がしてならない。

ピケティの『新・資本論』に戻ろう。日本に関する論説は、分析も結論も簡単明瞭である。日本の政府は借金まみれだが、民間には大量の金融資産が眠っている。「ここに増税せよ！」これがピケティの主張である。

ピケティの主張は、基本的に所得の再分配である。富裕者に課税して所得を再分配し、困った人を救い、社会全体をよくする。社会政策の基本的な考え方である。資本主義だからそうすべきだという話では

ない。人間社会である以上、当然のこととして守られてきた、あるいは配慮されてきた社会共同体のルールであり、共感は得やすい。

ピケティは、資本家に徹底的な不信感を持っている。資産を隠している、という疑いである。ピケティの本の中にたびたび登場するのは、国民所得をグローバルベースで見た矛盾である。以下の内容は、『21世紀の資本』の中にも登場するが、『新・資本論』の日本に関する論説の中にも登場する。もっぱらヨーロッパの資産家を非難したものだが、日本も例外ではないということであろうか。

> ただし、この種の統計は、完璧ではない。たとえば、グローバルベースで見ると、正味金融資産は世界全体でマイナスになっている。これは論理的にありえない。———地球の資産を火星が所有しているというのなら、話は別だが。マイナスになるのは、まずもって確実に、金融資産のかなりの部分がタックスヘイブン(租税回避地)にあり、それを所有している非居住者がしかるべく申告していないからである。・・・
>
> 調査や分析を怠れば、必ず最富裕層を利することになる。それも築き上げた財産よりも、棚ぼた式に手に入れた財産の持ち主を利することになりやすい。人間は後者の方をなんとしても守ろうとするものだからである。(『新・資本論』、252-253頁)

ピケティは、まじめな人間が馬鹿を見る社会が嫌いなのである。

ピケティは、日本政府の財政状況をさらに悲観的に見ている。日本もヨーロッパもアメリカも、個人資産が常に政府と民間の負債の合計を上回っている点では同じである。日本の政府の持つ国有地や公共用資産と金融資産は、それぞれ国民所得の100%に達している。がしかし、政府部門の資産状況は悪化している。そして、日本の政府部門と民間部門の持つ対外純資産が、急激に増大している。その結論が、民間部門への課税である。

残念ながら、今はインフレを期待することはできない。アベノミクスの目標とした2年で通貨は2倍以上になったが、物価上昇はゼロ%である。見事なほどに、物価には何の効果もなかった。物価が上がら

なければ、通常の手段で財政赤字を減らすのは、増税しかない。富裕者への累進的な所得税と資本税がピケティの持論であり、日本に対してもこれがピケティの提案である。

しかし、それにしても約1000兆円の累積債務（国債＋借入金＋政府短期証券など）はすさまじい。日本の国家予算は、約100兆円。税収はその半分しかない。さらに税収の半分は国債費、つまり元本の支払いと金利の支払いに当てられる。もはや増税でもどうなるものでもないように思える。

政府は、財政再建の目標をプライマリーバランス（基礎的財政収支）の均衡、あるいは黒字化においている。プライマリーバランスは、国債の金利の支払いや元金の償還のための費用を含めないという仮定での財政の均衡である。日本のように既に天文学的な借金を背負っている国には、この基準は適切ではない。国債の費用は平成27年度予算で23兆円を超えている。プライマリーバランスの均衡を達成すること自体も困難だが、仮に達成したとしても、毎年巨額の赤字が累積するだけである。財政が健全化するわけではなく、昔のツケを忘れただけである。財政再建目標としては、ほとんど意味をなさないくらいに

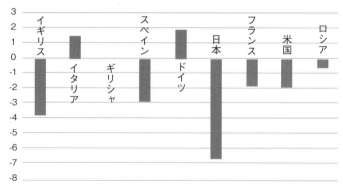

図4-2　プライマリーバランス（基礎的財政収支）対国民所得比の国際比較（単位％）
（Global Note, http://www.globalnote.jp、出典 IMF）

低い目標である。

　図4-2を見てみよう。現在、国債危機を繰り返し深刻な財政問題を抱えているギリシャは、プライマリーバランスは健全である（-0.01）。また、財政問題を抱えているイタリアも、プライマリーバランスでは健全で、問題ない（+1.41）。プライマリーバランスが本当に財政健全化の合理的な指標なのかどうか疑問である。とはいえ、別の見方をすれば、プライマリーバランスには意味がある。プライマリーバランスの黒字の国は、デフォルトをおこしても、立ち直る可能性がある。しかし、日本のように赤字ならば、破綻を繰り返すだけである。

　日本は、プライマリーバランスの状態も際立って良くないが、**図4-1**の国債残高の対GDP比ほどは目立たない。プライマリーバランスの方が、財政問題の深刻さから目を逸らす目標設定になりかねない。

　日本の少子高齢化問題がつらいのは、財政問題が大きいからである。人口の減少は国民所得を減らすが、1人当たり国民所得を減らすわけではない。つまり、国家レベルでの国民所得が減っても、国民が豊かかどうかは、1人当たりの国民所得の問題である。

　人口の多さは、戦争やオリンピックの時には役立つが、国民1人ひとりの幸福とは関係がない。この点、ピケティは人口の減少による経済成長の低下をあまりにも重く見すぎている。成長率を国民所得ではなく、1人当たり国民所得にすれば、ピケティの説く先進国の低成長問題は、多少は修正されるであろう。

　しかし、財政問題には、少子高齢化問題がまさに重くのしかかる。少ない人数の子供たちが、過去の累積債務のすべてを背負い込むからである。子供たちからすれば、今の国の制度は自分たちが作ったものではない。2代も3代も前の世代が自分たちに断りもなく作った制度に欠陥があり、そのツケを払わせられるのである。

　世襲資本主義では、資産家に生まれた子は幸運である。しかし、日本に生まれただけで負債を背負わされる子供たちはあまりにも不幸である。しかも、借金はすでに約1000兆円。それでも誰も反省しないし責任も取らない。日本は本当に「不思議の国」である。

日本のバブル

　日本のバブルは、ピケティにとっても特異な現象であった。ピケティの法則 $\beta = s/g$ は、資本価値 β の推移を見ることに最終的な意義がある。第２章で掲載した**図 2-5** を再録する。これは先進国における資本価値の回復を示すグラフであったが、同時に日本の特異性を示すグラフでもある。

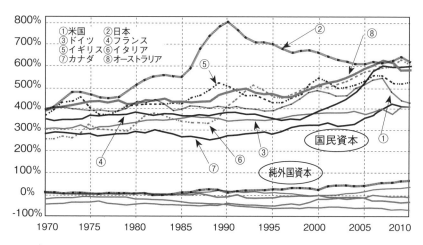

図 2-5 金持ち国の資本 / 国民資本比 1970-2010
(http://piketty.pse.ens.fr/capital21c)

　何よりもこのグラフの中で突出しているのが日本である。対象期間の殆どで β の値が高いのも特徴だが、とりわけ 1986 年から 1991 年のバブル期の上昇ぶりは際立っている。最盛期の資本価値が国民所得の 800% に近づいている。

　現在の資本価値はこの時期を超えていない。日本のバブルに比べれば、アメリカの IT バブルやリーマン・ショック前のサブプライム・ローンをめぐる不動産バブルがかすんで見えるくらいである。

　このグラフでは、バブルの始まりの 1985 年とバブルのはじけた 1990 年とを比較して、資本の価値は約 1.5 倍になっている。補足すれ

ば、株価は 1985 年の年頭に 11,542.60 円を付けていたが、1990 年の年頭には 38,915.87 円、3.37 倍である。最高値は 1989 年 12 月 29 日の 38,957.44 円である。アベノミクスで記録した 20000 円の株価は、それでもバブル期の最高値の約半分である。

　この時期のバブルは、バブルとは言っても現在とは異なる。実質経済成長率も高く、1988 年には 6.5％、1989 年と 1990 年には 5.3％の成長となっている。実体経済の好調も伴っていたのである。

　今回の株高は、経済成長を伴っていない。日本だけではなく、世界の実体経済は低迷しているのに、株だけが世界的に高い。日本の場合は、2014 年度の経済成長率はマイナスである。それにもかかわらず、株価が 1 年間に 1 万 5 千円から 2 万円になり、33％上昇した。

　株は経済の先行指標で、株が上がれば経済がよくなると言われていたが、今は経済とは関係なく、株が上がると予想されれば、株が上がる時代になってきた。世界的な量的緩和の影響と言える。

　実体経済と株価が連動していたバブル期には、みんなが浮かれた。しかし、今回は身近には浮かれている人はいない。実質賃金の長期低迷が、浮かれムードを一掃している。

新植民地支配？

　ピケティは、**図 2-5** から日本の特殊性を指摘する。**図 2-5** には純外国資産の国民所得比率が、図の下の方に含まれている。外国に持つ純資産の増減の問題である。国内資産に比べて数値が低いのでこの図では目立たないが、2000 年から 2010 年の間に、日本は 70％、ドイツは 50％増加している。急激な増加である。

　ピケティは、資本家は一国を支配するだけでなく、他国をも支配するのか、という問題を提起する。日本とドイツの外国資産の急増ぶりに兆候が見えるということである。しかし、次の引用部分には、ピケティのさらなる本音が見え隠れする。

　　確かに、第 1 次世界大戦前のイギリスとフランスの純外国資産

（イギリスが国民所得のおよそ2年分、フランスは1年分超）には遠く及ばない。しかし、蓄積の急速さを考えると、この勢いが続くのではないかと思うのは人情だ。…植民地時代に見受けられた相当量の純外国資産ポジションが復活したり、それを上回る状況すら生じたりする可能性はあるのだろうか。(200頁)

ピケティは、$\beta=s/g$は「日本の例がはっきり示すように」(同前)、非常に大きな国際的な資本格差を生じさせる、と言う。成長率や貯蓄率のわずかな差が、βの大きな差を生み出し、βの大きな国が外国への投資を行い、「これが深刻な政治的緊張をもたらすおそれがある」(同前)、と考えるのである。

日本の海外投資がどのような国際的緊張をもたらしているのか、その具体例はあげられていないのでコメントのしようもない。しかし、ピケティはそう見ている。このこと自体は記憶にとどめておこう。

バブルの理論としての $\beta=s/g$

ピケティは、つづいて日本の例が示す「第2の危険性」を指摘する。それは、βの増大によって、当該国の国民が国内資産、特に日本の場合は不動産を欲し、資産価格が類を見ないほど急速に高くなる、ということである。バブル期に土地価格は4倍近くにまで上がった。

同様の例はスペインにあり、2007〜2008年にスペインのβは日本のバブル期を超えて800％に達している。そして、日本と同様に2010-2011年に急速に萎んでいる。ここから$\beta=s/g$の公式が、バブル理論として発展可能なのではないか、と言うのである。

しかし、違和感がある。貯蓄率の問題である。現在、日本の家計貯蓄がマイナスになるという異常事態が報じられている。図4-3は、貯蓄率の推移に関する国際比較である。日本の家計貯蓄率の低下は際立っている。

そこで、貯蓄率が低い日本において、$\beta=s/g$のベータが上昇する可能性はないのではないか、という疑問が生じる。

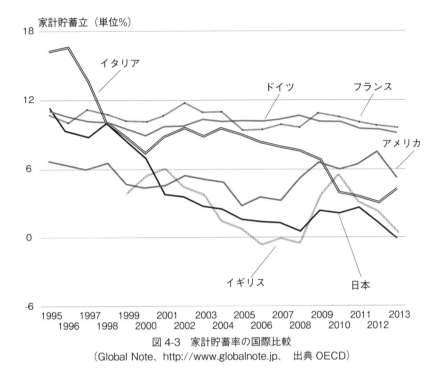

図 4-3　家計貯蓄率の国際比較
（Global Note、http://www.globalnote.jp、 出典 OECD）

　図 4-4 のグラフは、ピケティの提供している貯蓄率のデータから作成したものである。
　この表は 1970 年からのものであるが、日本の貯蓄率 14.6% が世界のトップレベルであることを示している。しかし、この貯蓄率は、日本の家計貯蓄率の急激な低下とはそぐわない。その理由は、ピケティが、貯蓄の中に企業の内部留保を含めていることにある。
　日本企業の内部留保は、国民所得の 7.8% である。日本の次がカナダの 4.9% なので、際立っている。また、企業の内部留保が貯蓄全体の 53%、家計貯蓄が 47% である。
　この統計は、1970 ～ 2010 年の平均である。現在、日本の家計貯蓄はこれ以上に減っている。がしかし、企業の内部留保は増えているので、ピケティ理論では、全体としては日本は貯蓄率の高い国になる。

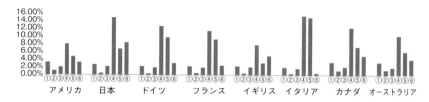

①国民所得成長率　②人口増加率　③一人当たり国民所得
④民間貯蓄対国民所得（減価償却を除く）
⑤民間貯蓄（企業貯蓄以外）　⑥企業純貯蓄（内部保留）

図4-4　貯蓄の構成を含めた国際比較（1970 − 2010）
(http://piketty.pse.ens.fr/capital21c から作成)

したがって、資本の力の表現である資本／所得比 β の大きくなる可能性のある国ということになる。

　補足すれば、財務省発表の法人企業統計では、アベノミクスが始まる 2013 年 4 ～ 6 月期には、企業の内部留保は約 279 兆円、1 年後の 2014 年 4 ～ 6 月期には 313 兆 629 億円になっている。12％の伸びである。日本は家計貯蓄がマイナスになっても、内部留保を含めた貯蓄率は高い。多くの経済学の教科書は「家計」を貯蓄の主体、企業を「借り手」として教えている。しかし、今の日本は企業が貯蓄の主体である。

　とはいえ、ピケティの β =s/g は、貯蓄は投資に活用されるのが前提である。内部留保を含めた貯蓄率というデータだけからすると、日本経済もピケティの理論を補強するかのように見える。しかし、この点に関しては、実態は違うと言わなければならない。日本経済の深刻さは、貯蓄が投資に結びつかないこと、企業の内部留保が投資につながらないことにある。

　企業はふんだんな資金を内部に保有していて、これを投資に回さない。日本だけではなく世界中が行っている量的緩和策は、企業に資金を供給しようとするものである。しかし、企業の内部留保の少ない他の国はともかく、日本の企業は世界に突出した資金を自前で持っている。企業のあり余る資金に量的緩和政策によってさらなる資金を供給することに、大きな意味を見出すことはできない。

低成長と人口の減少

　資本／所得比率 β に大きな影響を与えるのが、成長率 g の低下である。また1国レベルで見ると、人口の減少は成長率の低下に大きく影響する。いうまでもなく、日本は、不幸なことに、人口減少による少子高齢化の最先端を行っている国である。
　図 4-5 はピケティのデータをグラフにしたものである。
　ピケティは、1700 年を境に産業革命の以前と以後で分けている。産業革命以前は、1人当たりの産出量は全く増えていない。人口の増加に見合った年 0.1％の産出の増加があるだけである。人口も 1700 年間で年 0.1％ずつしか伸びていない。このデータが正しいとすれば、産業革命以前には経済成長という概念すらなかったであろう。
　1700 年から経済成長が始まる。世界の産出高は年 1.6％伸びる。人口の伸びは、0.8％である。19 世紀から 20 世紀にかけての伸びは著しい。1913～2012 年の期間は、年 3.0％の伸びである。人口の伸びは、1.6％である。人口の爆発的増加が今日の国際問題となっているにもかかわらず、この数字は低く見える。
　しかし、ピケティは低くはないと言う。1％の成長は、30 年 1 世代で累積では 35％の成長になり、100 年で 27 倍、1000 年で 2 万倍になるからである。

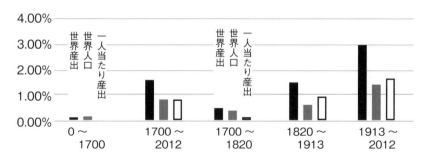

図 4-5　産業革命以降の世界経済成長率
（http://piketty.pse.ens.fr/capital21c から作成）

他方、先進国の経済成長は**図 4-6** のようになる。

グラフは、大まかに言って、ヨーロッパもアメリカも、1950 年をピークに以後低下し、現在は 1 人当たり国民所得の伸び率は、1.5％程度まで落ちてきていることを示している。

日本は、高度成長期には 10％程度、バブル期にも 6％程度の高い成長率を示していたが、バブル崩壊後は、経済の低迷に喘いでいる。1991 年以降の成長率は 1 ％にも達していない。人口は、ここ数年 0.2

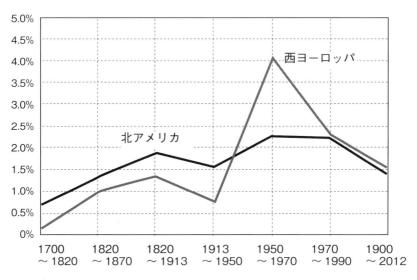

図 4-6　1 人当たり所得成長率 産業革命以来
(http://piketty.pse.ens.fr/capital21c)

％ 程度の微減が続いている。しかし、ピケティからすれば、おそらくは、先進国の一般的な状況の 1 つであろう。人口増加率の低下と経済成長の低下に関しては、日本は目立ってはいるが、日本だけの特殊事情ではないということである。

ピケティの手法で見る日本の富裕層

日本の関するデータを紹介しよう。

日本に関するデータは基本的に 1947 〜 2010 年の期間である。

これによって、ピケティの分析が日本にも当てはまるかどうか見てみよう。

ピケティの分析で最も重要なのが、上位 10％の人の所得が国民所得に占める割合である（図 4-7）。

キャピタルゲインを除いた所得だけのグラフは、なだらかな上昇を見せている。しかし、この時期は、アメリカのグラフであれば、U字型のUの字の右半分の上昇期であるが、アメリカのように顕著な上昇曲線は描いていない。

日本の富裕層の問題は複雑である。所得の格差は、明らかにバブル崩壊以降に広がりつつある。また、日本全体の長期の不況が原因とすれば、低成長が格差を広げる、というピケティの命題が当たっていることになる。

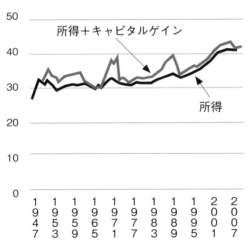

図 4-7　上位 10％の国民所得に占める割合 1947-2010　（単位％）
（WTID, http://topincomes.parisschoolofeconomics.eu のデータより作成）

他方、キャピタルゲインを含めたグラフは、大きな3つの山を持っている。第1次オイルショック前、バブル期、リーマン・ショック前、である。山は鋭く上昇し激しく下がっている。キャピタルゲインが一過性のものであり、安定した階層としての富裕層が形成されたとは言いにくい。リーマン・ショック後については、次章で別のデータを紹介する。

　上位10％の人の所得が国民所得に占める割合は、バブル期には33％であったものが、一時低迷し、その後は40％を超えている。上位10％の「富裕層」が国民所得に占める割合を増加させたのだから、格差は拡大したことになる。同じことだが、10％以外の90％の取り分が、全体の67％から60％に減ったことになる。長期の不況と非正規雇用の急激な増大があった時期でもある。

　ところで、WTIのデータで、上位10％の下限の年収を確認することができる（図4-8）。

　上位10％を富裕層だとすると、この10％の年収の下限は、日本の場合、21世紀に入って減っているのである。長期の不況が、富裕層をも切り崩しているのである。

　また、アメリカでは、国民所得に占める上位1％の割合が急速に増加していたが、日本ではそうではない。ピケティは、アメリカ同様の

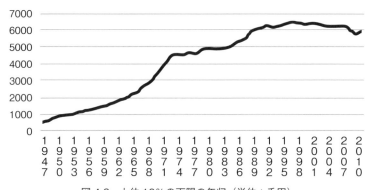

図4-8　上位10％の下限の年収（単位：千円）
（WTID, http://topincomes.parisschoolofeconomics.eu のデータより作成）

顕著な傾向は、アングロ・サクソン諸国に見られるが、ヨーロッパと日本はそうではないとして**図 4-9** を示す。

全体的には上位 1%のシェアは緩やかな回復基調にあるとピケティは言う。

このグラフにおいて、フランスと線が重なっているのが日本である。そのせいで、日本の方がフランスよりも上位 1%の支配力が増していることが見て取れる。

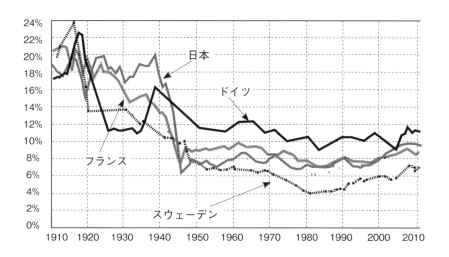

図 4-9　大陸ヨーロッパと日本での所得格差 1910-2010 年
上位 1%が国民所得に占める割合　(http://piketty.pse.ens.fr/capital21c)

第5章 ピケティとマルクスで読むアベノミクス

アベノミクスの落とし穴

　毎日新聞は、2015年04月17日付朝刊で、納税者1人当たりの所得のジニ係数の推移を発表している（図5-1）。
　ジニ係数は、図1-2の注で示したように格差を表す一般的な指標である。格差は0～1の間で計算され、1に近い方が格差が拡大していることになる。0が完全平等である。ジニ係数は、一般には個人の所得についての格差の指標である。毎日新聞のジニ係数は、地域単位のジニ係数であり、この点で通常のジニ係数より数値は低くなる。しかし、地域間格差を見る点では、意義を持つ。
　この記事の面白いところは、上の段に政権党が記されていることである。つまり、一見して自公政権の時に所得の格差が拡大し、民主党政権の時に格差が縮小しているのである。
　毎日新聞は、小泉構造改革の時期がジニ係数の増加期、つまり格差の拡大期、リーマン・ショック後のジニ係数の下落期を経て、安倍晋三政権下での2013年には7年ぶりにジニ係数は大きく上昇したと言う。
　民主党はリーマン・ショック後の混乱期に政権を取っており、富裕者の所得であるキャピタルゲインは

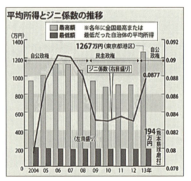

図5-1　毎日新聞による平均所得とジニ係数（『毎日新聞』、2015年04月17日付朝刊）

減っている時期である。民主党政権の時期の格差の縮小は、これが大きな要因かもしれない。

　しかし、自民党政権の時の政策は、格差の拡大に寄与している。小泉政権時代の規制緩和と市場競争原理の導入、そして非正規雇用の拡大は、市場の勝者と敗者をはっきりさせた。

　また、安倍政権になってからの異次元の量的緩和策によって、株と不動産が上昇し、この間、労働者の賃金は下落し続けている。資産を持つ者と持たざる者の格差は、こうした政策の帰結として広がったと見ることができる。格差の拡大は、政権与党の政策の反映である可能性が高い。毎日新聞がジニ係数の動きと政権党を重ねて表記した点は、こうした意味を持つ。

　また、下の**表 5-1** は、意表を突くものであった。同じ毎日新聞の区・市町村レベルの所得である。

　この表は、地域の平均所得の比較である。左が上位 10 位までの地域、右が下位 10 位までの地域である。毎日新聞は、この表によって、アベノミクスによる株価上昇で大都市部の一部自治体で住民が所得を伸ばし、地域間格差を拡大させていることが数値で裏づけられたとしている。

　毎日新聞は、その要因を次のように分析する。第 1 に、大規模な金融緩和で、日経平均株価は 2012 年末と 2013 年末を比較して 1.6 倍に上昇した。第 2 に、この期間、勤労者や自営業者の所得などはほぼ横ばいだった。第 3 に、短期の不動産売買による所得は 1.4 倍、株式譲渡や上場株式の配当による所得は 3.1 倍に膨張し、これらを合わせた 2013 年の資産所得の合計は前年比 70.9％増となった。株と不動産という不労所得が格差拡大の原因である、と言うのである。

(単位・千円)

ベスト10		ワースト10	
① 東京都港区	12667	① 熊本県球磨村	1939
② 東京都千代田区	8988	② 熊本県山江村	1990
③ 東京都渋谷区	7566	③ 北海道上砂川町	2000
④ 兵庫県芦屋市	6317	④ 秋田県東成瀬村	2012
⑤ 北海道猿払村	6265	⑤ 岩手県九戸村	2029
⑥ 東京都目黒区	6159	⑥ 沖縄県大宜味村	2046
⑦ 東京都中央区	5931	⑦ 高知県大豊町	2062
⑧ 東京都文京区	5808	⑧ 沖縄県国頭村	2066
⑨ 東京都世田谷区	5364	⑨ 秋田県藤里町	2074
⑩ 長野県軽井沢町	5258	⑩ 沖縄県今帰仁村	2084

表5-1　2013年度の地域別所得比較『毎日新聞』、2015年04月17日付朝刊。

その結果、平均所得が最も高かった東京都港区は、平均所得が最も低い熊本県球磨村の6.5倍に拡大した。地域間格差によって、格差の原因がはっきりする、ということである。平均所得上位10位の大半は、ホタテ漁が好調な北海道猿払村などを除き、東京都区部が占めた。

　毎日新聞の調査分析は、株や不動産価格の上昇が、個人の貧富の格差を超えて、日本における地域間格差を拡大したことを明らかにしている。以下、アベノミクスの政策的な意義と問題点を考察していこう。

小麦の国

　日本経済の今を分析するために、実物経済の世界に入ろう。

　小麦だけを作る国があったとする。ここでは農業が個人経営の自作農ではなく、会社経営である。小麦の収穫が10ｔあった。資本家は賃金を現物の小麦で労働者に支払う。これが6ｔだったとする。資本家の利潤は4ｔになる。資本家が賃金を5ｔ支払ったとする。資本家の利潤は5ｔになる。小麦の国では、この関係は見えやすい。

　賃金が増えれば利潤は減る。利潤が増えれば賃金は減る。小麦の収穫量は10ｔであり、後は資本家と労働者の分配の問題である。

　この国が小麦以外のものを作ったとする。すべての生産物は労働者が作っているので、尺度の基準を労働時間に求めることにする。これでも事態は同じである。全体としての労働時間の内の何時間分の労働の成果を賃金とし、残りを利潤とするかである。全体の労働時間は同じであり、その成果としての生産物も変わらない。

　しかし、ここに貨幣が登場し、信用も発達し、株主が登場して配当やキャピタルゲインを受け取ったとする。配当をもらう人は小麦を作っているわけではない。株を持っているだけである。この人たちが、2ｔの小麦を取得したとすれば、残りは8ｔになる。資本家活動をしている資本家の利潤か労働者の賃金かのいずれかが減るしかない。

　今、2014年度の国民所得は全く増えない。むしろマイナス1％であった。実質国民所得は成長しない。野菜や果物や魚の量としては、前年

度と同じか少ないかである。ここに株価だけが上がった。株を持っている人は配当や株の売り買いによるキャピタルゲインで収入を増やした。その分、誰かの収入が減るしかない。実質賃金が下落し続けている。勤労者にしわ寄せがきたのである。

マルクスにおける資本家と労働者の関係は、第3章で見たようにm／vで表すことができる。v+mの価値は、労働者の総労働時間によって決まる。総価値が変わらず、資本家の取り分が増えれば、労働者の賃金は減る。

マルクスは、株式の問題にも言及しているが、株式会社が普及する以前の経済学者である。株主の収益の問題を、階級分析の中に入れていない。しかし、ピケティのようにこの問題を考察の対象に入れるのであれば、資産家の取り分が増えた分だけ、労働者の取り分は減る、と回答するであろう。

現状を古典派やマルクスの世界から見れば、経済が成長しない中での賃金の下落は、株価の上昇が原因である可能性がある。株価の上昇が、景気をよくしているのではなく、景気の足を引っ張っているのである。特に、株価に政府系金融機関による株の買いが少なからず影響を与え、かつ日本銀行による大量の貨幣の供給が国民所得を押し上げることに成功しなかった以上、賃金の下落の原因は今の金融政策にあると言えそうである。

成長と制約

マルクスにとって、資本主義における生産は常に拡大されるものであった。生産の規模を拡大しない生産は、資本の目的に反する。資本はより大きな価値を求める形式だからである。

マルクスは、生産の継続を「再生産」と呼び、これを単純再生産と拡大再生産に分ける。単純再生産は、資本家が獲得した利潤のすべてを個人的な消費に充てるケースである。このケースは、再生産の基本を分析するための理論モデルとして論じられていた。つまり、現実的

だとは考えられていなかった。拡大するのが普通だと考えられていたのである。

　マルクスにとっては、資本家は、剰余価値（利潤）の一部を生産に投下して生産規模を拡大する。これが資本主義の通常の状態である。今の日本のように、しばしば国民所得がマイナスになることは、マルクスの想定外である。

　生産の拡大は、剰余価値（利潤）からどれだけの割合を投資するかにかかっている。この場合の投資は、設備投資だけではない。労働力と原料や機械などの生産手段への投資を含む。

　『資本論』の景気循環論の焦点は恐慌論である。19世紀のイギリスが1825年に最初の経済恐慌が発生すると、1836年、1847年と、ほぼ10年周期で恐慌が起きた。マルクスにとっての「不況」は、恐慌が起きた後の経済の低迷期である。今日の経済の循環論とはイメージが違う。マルクスの時代は、恐慌による経済の破壊が次のより大きな成長をもたらした時代である。だらだらと続く不況は、20世紀になってからの話である。しかし、今の不況の分析には、マルクスの恐慌に関する分析が当てはまる。

　マルクスにとっては、恐慌の混乱は、革命のチャンスでもあった。特に、1847年の恐慌は、ヨーロッパ中に吹き荒れた市民革命の嵐と時を同じくしていた。マルクスは、次の革命は次の恐慌の時に起きると予測した。大英博物館の中に籠って、次の恐慌が起こる前に研究のメドを立てようとして、『資本論』の草稿の執筆に打ち込んでいたのである。

　しかし、マルクスはまとまった恐慌論を残していない。『資本論』の第2部（1885）も第3部（1894）もエンゲルスの編集によるものであり、マルクス自身のものではない。『資本論』に散見される恐慌に関する部分を参考にマルクスの恐慌論を整理するしかない。マルクスの恐慌論は、次のように整理される。

　第1は、販売と購買が分離したことである。市場経済の仕組そのものが恐慌の可能性を含んでいる、ということである。特にマルクスは、

販売と購買を対等とはみなさずに、販売の方を「命がけの飛躍」と考えている。買う方はいつでも買えるが、売る方はいつも困難がつきまとう。買い手が「殿様」で、売り手は「家来」なのである。

第2に、産業部門間の不比例説である。資本主義経済は計画経済ではなく、生産の編成を市場の調節機能に任せている。この機能が十分ではない時に、過剰に生産する部門と過少にしか生産しない部門という部門間の不均衡が出てくる。これが恐慌の原因となる。

第3に、過剰生産説である。資本主義経済は、常により多くの利潤を求め、生産性を高め、大量の商品を生産する。この生産量が需要を超えた時に恐慌を誘発し、商品があふれ、しかし買い手がいない、という状況になる。

第4に、過少消費説である。資本家が利潤を増やす方法の1つは、賃金を下げることである。確かにマルクスは、生存費説を前提に搾取理論を説いていた。しかし、搾取を強めたいというのは資本家の常であり、このことが賃金の切り下げの誘因となる。賃金の切り下げは、需要を減少させる。つまり、資本家が搾取を強めすぎた結果として、過少消費状態となり、恐慌につながる。

過剰生産説と過少消費説は、同じ事態に関して見方を変えたものとも考えられるが、過剰生産はより多くの利潤を求めての拡大再生産が原因であり、過少消費は賃金を切り下げて搾取しすぎた結果である。この点で両者は区別される。

第5に、資本過剰説である。この場合の資本過剰は、資本の労働力に対する過剰を指す。労働力は需要に応じて工場で作るわけにはいかない。家庭の中で「再生産」されるのを待つしかない。景気循環における好況の局面で、生産規模の拡大に対応して労働力に対する需要が強まる。この場合、労働力という商品の特殊な性格から、供給が枯渇する。このことは賃金を上昇させ、利潤率を減らす。しかし、互いに競争関係にある資本は、自ら生産を制限することはできずに、規模を拡大し、結果的に恐慌による崩壊を招く。

第6に、信用の役割である。資金の需給がひっ迫した時には利子率

が高騰し、利潤を減らす。支払い不能による企業や銀行の倒産は、恐慌現象を激発的で広範囲なものとする。

　今の日本は、マルクスの目には、過少消費不況に映るであろう。日本の労働者の賃金の低下と非正規雇用の急激な増大は、日本の中間層を崩壊させ、需要を減らした。需要がなければ、企業は投資しない。今、日本の企業は莫大な内部留保を抱えていても投資はしない。売れる見込みがないからである。賃金を抑えすぎて、消費が減ったのである。商品の売りと買いは対等ではない。売る方がはるかに難しい。過少消費の状態で、「命がけの飛躍」である販売のハードルが一層高くなったのである。

アベノミクスの経済思想

　アベノミクスの基本的な考え方は、貨幣量を変化させることによって、経済を活性化させようとするものである。デフレ不況からの脱却として、貨幣量を増やすという考えは、貨幣量を増やせば物価が上がるということを前提とする。物価が上がった場合にも下がった場合にも、貨幣量が原因である。この経済思想はマネタリズムと呼ばれる。貨幣数量説として、経済学の教科書に登場する。

　アベノミクスの経済思想は、経済学の歴史とともに旧い思想であるが、現代に蘇らせたのはフリードマン（Milton Friedman, 1912～2006、1976 ノーベル経済学賞）である。

　ピケティの『新・資本論』の中に、「ミルトン・フリードマンに捧ぐ」という 2006 年 11 月 10 日付のエッセイが収録されている。冒頭を引用しよう。

　　先週、ノーベル賞受賞の経済学者ミルトン・フリードマンが亡くなった。94 歳。共感できる人物だったとは言い難い。信念の人にはありがちなことだが、経済面での超自由主義思想（市場至上主義、国家不要論）は、ある意味で自由主義に反する政治思想（市場の敗者を罰する権威主義的な国家）に行きついた。」（『新・資本

論』、81頁)

　ピケティの『新・資本論』には、「左派」と「右派」の用語が飛び交う。わが国では既に死語だが、ヨーロッパでは日常用語である。ピケティは、左派であり、フリードマンは右派である。左派は財政政策を基調とし、右派は金融政策を基調とする。政治的にはピケティとフリードマンは相容れない。マルクスも生きていたら左派である。

　しかし、政治思想と経済政策は対立しても、ピケティはフリードマンを研究者として評価する。フリードマンの大著『米国金融史1867-1960』(Friedman and Schwartz[1963]) に対するピケティの評価は高い。実証研究は、ピケティもまた重視するところである。フリードマンが貨幣量を調節して物価水準をコントロールできるという結論を実証研究から導いた点は、ピケティが実証研究によってr>gの公式を導いた点と共通する。

　しかし、立場の違いは明確である。アベノミクスの経済思想も貨幣数量説の文脈の中に位置づけられる。

　その発端は反ケインズ主義である。第2次世界大戦後の経済政策は、ケインズの理論に依拠していた。ケインズ型の財政政策によって、完全雇用や福祉社会が、資本主義経済においても達成できると期待されていた。ソビエト連邦を中心とする社会主義が地球の3分の1を占めていた東西冷戦期である。ケインズ理論は資本主義の未来を担っていた。

　しかし、フリードマンは、ケインズの財政支出を重視した経済政策を批判し、政策の軸を財政政策から金融政策に移すことを主張し、インフレ、あるいはスタグフレーションの責任をケインズの政策に押し付けたのである。

　フリードマンの政策は、アメリカ連邦制度理事会（FRB）議長ボルカーによって採用された。最終的には20%を超えるボルカーの高金利政策は、大量の失業を生みだしたが、2桁代のインフレを収束させた。

　フリードマンの学説は、レーガン（1981～1989、アメリカ大統領）の経済政策、いわゆるレーガノミクス（Reaganomics）の理論的な支柱となる。

レーガノミクスは、Reaganの名前とeconomicsから作られた造語である。

シカゴ大学を中心とするフリードマンの学説は、マネタリズムと呼ばれ、マネタリズムの立場の論者は、マネタリストと呼ばれる。また、拠点となった大学名でシカゴ学派とも呼ばれ、ノーベル経済学賞のほとんどはこの学派の系譜に属する。今日の主流派経済学である。

この学説は、アメリカのレーガン大統領だけでなく、イギリスのサッチャー首相など、政治的な保守主義と結びついている。それは、市場の機能を信頼し、自由主義の経済政策を採用する。市場主義や自由主義が、経済思想としては保守主義となる。自由主義が保守主義である点には、以上のような経済思想史上の経緯がある。

ピケティが、21世紀は19世紀のようになると警告する。19世紀には格差の問題があったと言うのである。19世紀のイギリス資本主義の発展の時期であり、自由主義政策の全盛期である。19世紀は繁栄と格差の共存した時期であった。

ピケティは、19世紀の繁栄の中での格差の拡大が、労働運動や社会主義運動の基盤となった、と考える。資本主義の繁栄は、社会を資本家と労働者と地主の3大階級に分け、階級としての格差を生みだしていた。

また、繁栄の中で、資本主義は、ほぼ周期的な恐慌に襲われ始めた。

この周期的な経済恐慌は、マルクスの『資本論』を生みだしているのである。自由主義は格差と恐慌という負の遺産を持っていたのである。

アベノミクスの第1の矢は、市場主義の思想であり、本来は国家の役割を小さくする思想である。ピケティは、税制の改革による所得の再配分を目指しているので、国家による経済のコントロールを強める立場にある。したがって、経済思想的には第1の矢とは合わない。

マルクスは、そもそも貨幣量の増大が物価を上昇させるという考え自体を否定している。貨幣量の増加が物価を高めるのではなく、物価と生産量の状態に応じて貨幣の量が決まると考えている。

アベノミクスの第2の矢は、機動的な財政出動である。財政出動の

経済思想は、本来は量的緩和による第1の矢とはそぐわない。しかも、財政赤字の現状とも矛盾する。量的緩和に関する補完的な位置づけであろう。

アベノミクスの第3の矢は、成長戦略である。その全貌は明らかになっていないが、さまざまな規制緩和が柱の1つになっている。市場主義の考えが基本となっているのである。規制緩和を初期に行った国は、他国に先んじて外国からの資本を導入できるという先行者のメリットがある。しかし、1980年代の経済政策であり、今行っても先行者としてのメリットはない。他国に足並みをそろえる効果だけである。しかも、ピケティの分析のように、市場主義が世界的な格差問題の生みの親であるという非難を受けることになる。19世紀の自由主義の抱えていた問題が、21世紀に復活しようとしているのである。この意味で、自由主義は保守主義なのである。

アベノミクス第1の矢の帰結

アベノミクスの中心となる第1の矢、異次元の量的緩和政策の導入から2年が経つ。2年は成果を出すための期限であった。

2015年4月で「2年間で貨幣量を2倍にして物価を2％上げる」と公約されて2年が過ぎた。しかし、物価は消費税の導入分を除くと全く上がらなかった。貨幣量を増やしたのに物価は上がらない。貨幣数量説では説明できない事態である。

日本経済の現実は、経済学の主流派の「通説」を打ち砕いてしまったのである。

貨幣量を増やす方法は、日本銀行が国債を買うことによる。民間金融機関から日本銀行が国債を買うと、金融機関が持つ国債が日本銀行に渡される。日本銀行は銀行の銀行であり、民間金融機関は日本銀行の中にそれぞれの口座を持っている。この口座に国債の代金が振り込まれる。これが、日本銀行が民間に貨幣を供給する方法である。

この経済政策の最大の利点は、費用がゼロということにある。本当

に日本銀行券を印刷して銀行に渡しているわけではない。日本銀行にある民間金融機関の口座の残高の数字が変わるだけである。

　この結果を見てみよう。日本銀行の国債保有残高は、2015年4月末で約280兆円である。アベノミクスの開始時期に近い2013年4月末で見ると、国債保有残高は約134兆円である。つまり2年で146兆円、109％の増加である。貨幣量は、予定の2倍を超えたが、物価は上がらなかったのである。理由は単純である。2013年4月末の当座預金残高は約66兆円。2015年4月末の当座預金残高は210兆円である。144兆円の増加である。詳細は必ずしも分からないが、この数字からすると、貨幣は日本銀行から出て行かなかったことになる。なお、3年後の2016年4月10日現在の日本銀行の国債保有残高は約354兆円、当座預金残高は277兆円である。しかし、国債の購入による金融政策の効果は、依然として現れない（日本銀行「営業毎旬報告」）。

　図 5-2 は日本銀行が作成したものである。日本銀行の統計は、紙幣を「通貨」、鋳貨を「貨幣」と呼んでいる。ここでは「通貨」と呼んで説明する。

　通貨量は、現金通貨と預金通貨の合計として扱う。預金もまた決済に使われ、貨幣として機能すると考える。預金を貨幣に含める考え方は、1930年代には受け入れられたと言われる。

　グラフの長い方の灰色の線は、M2（1980〜2014）の伸び率の推移である。M2は大まかに現金通貨と国内金融機関（日本銀行とゆうちょ銀行を除く）の預金の合計である。M2からゆうちょ銀行を除くのは、日本の統計の慣習である。

　短い黒い線は、M3（1996〜2014）の伸び率の推移である。M3は、現金通貨、預金通貨（日本銀行・ゆうちょ銀行を含む）、準通貨、＋CD（譲渡性預金）の合計である。

　なお、準通貨 ＝ 定期預金 ＋ 据置貯金 ＋ 定期積金 ＋ 外貨預金、である。

　アベノミクスの始まった2013年3月以降のM2の伸び率は、対前年比3％台であり、平成15年3月は対前年比3.6％である。ちなみに

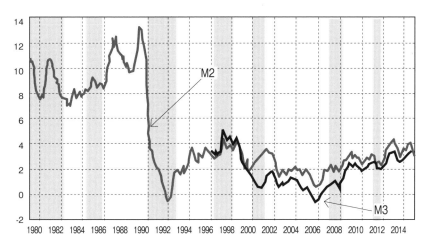

図 5-2　通貨供給量（M2 と M3）の前年度比（資料：日本銀行）
M２：灰色線　Ｍ３：黒線

　2014 年 4 月末の日本銀行の国債保有残高は、約 204 兆円。2015 年 4 月末が約 280 兆円で、約 30％の伸びである。日本銀行が民間金融機関に供給した貨幣が市中に出る効果は、ほとんど 10 分の 1 と言える。
　この状態を「ブタ積み」と呼ぶ。日本銀行が供給した貨幣が市中で使われずに、日本銀行の中の民間金融機関の口座に積み上げられている状態を示す。
　貨幣が増えれば物価が上がるという理論が通用しないのである。マルクスは、この考えとは正反対の考えを持っていた。ピケティも『新・資本論』の中では、先進国では貨幣量を増やしても物価は上がらないと言っている。2 人ともアベノミクスの基本政策を信じていない。
　この政策は、すでに前例がある。貨幣量を増やす政策は、アメリカがリーマン・ショックの際に既に行っていた。2008 年 9 月からほぼ 5 カ月で、アメリカは、貨幣残高を 2 倍にしたのである。日本のアベノミクスの比ではない。しかし、この時は、アベノミクスとは目的が異なる。物価の上昇を政策目標とすることはなかったのである。マネタリズムであれば、インフレの危機を心配してもよかったはずだが、全く問題にされなかったし、事実インフレは起きなかった。アメリカは

証券市場の崩壊を防ぐことを目標としていたのである。
　貨幣量を増やせば物価が上がるという一見当たり前に思える理論は、本当に正しいのだろうか。この問題は、次章で検討してみることにしよう。
　アベノミクスの量的緩和策によって、貨幣量が増え、為替レートが下がり、株が上がっている。為替レートが20％以上下がれば、大企業を中心とする輸出産業は、すさまじい黒字を計上する。問題は、それにもかかわらず国民所得が増えなかったことである。パイは同じである。増えたところがあれば、その分どこかが減ったのである。
　株もまた、20％以上上昇した。株の変動は国際的な傾向に従うので、かならずしもすべてがアベノミクスの効果とは言えない。また、国策として、政府系金融機関が株を買っている面も見落とすことはできない。
　ピケティは運用益を長期的に5％と見ている。株が上がれば、運用益は増えるが、運用するための資金もより多く必要となる。資産で金をもうけるには、より多くの資金が必要なのである。株式市場は貨幣のブラックホールであり、吸い込まれた貨幣は、なかなか消費需要には回らない。より多くの貨幣を求めてより多くの貨幣が動き回る。チャンスを逃す手はないからである。
　余談で恐縮だが、以前、人の紹介で「金持ち」と会ったことがある。その時に、そんなにお金があるのにどうしてお金を欲しがるのですか、と聞いてみたことがある。答えは、金を稼ぐには金が必要なのです、であった。

第6章 貨幣の謎

金と紙幣

　現在の貨幣は、神秘的でかつ不安である。財布の中にある1万円札は日本銀行が発行したものである。素材は紙であり、原価は約20円。つまり、ただである。これが市中に流通すると1万円の購買力を持つ。理由は、実はよくわからない。

　Suicaなどの電子マネーの場合には、紙という素材すらない。「円」という貨幣名と、1円の「1」や100円の「100」などの数字が購買力を持つ。お化けではないが、社会の作り出した幻想である。人々が幻想に疑いを持たないことで、貨幣ははじめて機能する。

　幽霊の正体が枯れ尾花であるように、幻想は時として剥がれる。通貨危機の際には、物々交換さえ復活する。言うまでもないが、日本が戦争に負けて崩壊したら円の社会的幻想は跡形もなく消え、ただの紙に戻る。東欧社会主義の崩壊の時の通貨も同じであった。日本が他の理由で国家破綻しても同様である。市場が円を信用しなくなれば、それで終わりである。

　貨幣数量説を現代に復活させたフリードマンは、『貨幣の悪戯』という本を書いている。その冒頭に、南の島ヤップ島の石貨の話が出てくる。石の貨幣は貝殻や羊と並んで、典型的な原始貨幣の1つである。ヤップ島の石貨は、20世紀の初頭に欧米に紹介された。なんといっても巨石である。直径30センチから4、5メートル。貨幣なのに持ち運びができない。持ち運ばなくても、誰の所有かさえ確認できれば、貨幣は機能する。みんなが貨幣の使用による所有権の移転を承認すれ

ばよいのである。

　フリードマンは、ヤップ島のさまざまな逸話を紹介する。例えば、ヤップ島には貨幣に適した石がない。遠い島まで石を切り出しに行く。途中でトラブルがあって、石が小舟から落ちて海中に沈むこともある。それでも海中の石は貨幣として機能する。みんなが所有権を認めれば、所有者は金持ちになるのである。

　貨幣はほとんど宗教である。信じれば機能し、信じなければ機能しない。特に現代の貨幣はまさにこれである。信じてさえいれば、社会は貨幣から多大な恩恵を受けることができる。

　他方、フリードマンはこの本の中で、貴金属貨幣に強い関心を示す。金や銀には崩壊の危機がないのである。歴史は、すさまじいインフレがしばしば政治的な革命と結びついたことを教えてくれる。「超インフレ」は政治的には恐慌よりも怖い。金や銀の貨幣にはそれがない。フリードマンは、この本の中では、金と銀の複本位制に関心を示している。金か銀かどちらかの単一本位制よりも貨幣価値の変動幅が小さくなる可能性があるからである。

　金属貨幣の歴史は長い。聖書の中にも金や銀の貨幣が頻繁に登場する。現在の政治的経済的状況では、金本位制が復活する可能性はほとんどない。しかし、聖書を介して、金本位制は支持を得ているようである。聖書が正しいとすれば、貨幣は金や銀に戻るべきだ、ということであろうか。信仰をベースにアメリカ共和党の中には、金本位制の支持者が多いと言われる。前回の大統領候補の中にも、金本位制論者が複数いた。何かのはずみでアメリカが決断すれば、金本位制復活の問題も可能性がないわけではない。

　金や銀の貨幣は、均質で含有量さえ分かれば、どこでも価値の尺度材となること、価値が安定していて素材が腐食しないこと、かさばることなく少量で大きな価値を保蔵できること、このため持ち運びに便利なこと、合成と分割が可能なこと等々、貨幣として優れた面を持っている。何よりも、金や銀は貨幣でなくなっても商品である。装飾用にも食器にも工業用にも使うことができる。

政治経済学的には、貨幣発行益（シニョレッジ）の問題が大きい。アメリカのドルは、日本の円と同じように、ほぼタダで印刷される。このドルを世界中が国際通貨として使用する。貨幣発行益は、自国通貨が国際通貨となった国のものである。大国が自国通貨を「国際化」しようとすることの隠れた目的は、ここにある。

　金が国際通貨の場合には、1国が貨幣発行益を独占することはない。金貨幣は通貨発行益に関しては中立である。これが貴金属貨幣の公平さである。

　1971年8月にニクソン・ショックがあって、金とドルとの兌換が停止された。あれから45年が経つ。当時の大学の経済学部の教壇では、この世の終りのように授業がなされていた。金や銀の貨幣としての長い歴史に比べれば、現在の貨幣システムの歴史は浅く、評価するにはまだ期間は短い。

金本位制

　人類の長い歴史の中で、金と銀は多くの国で貨幣の役割を担ってきた。貨幣は実質的には金や銀であり、金と銀の複本位制が、事実上の貨幣制度であった。しかし、制度的に金本位制が定まるのは、ナポレオン戦争後のことである。

　金と銀は貨幣であったが、銀行システムができ上がると、金や銀の代わりに銀行券が流通する。しかし、この銀行券は、金と兌換できることが保証されてはじめて流通した。金や銀と兌換できない銀行券は考えられなかったのである。

　しかし、ナポレオン戦争の際、イングランド銀行は、銀行券と金との兌換を停止する（1797）。この時、物価が上昇し、その原因をめぐって地金論争と呼ばれる論争が生じる。貨幣数量説は、論争の一方の学派の中心となった学説であった。

　ナポレオン戦争後に金本位制に関する法令が次々と出され、最終的には、1844年のピール条例によって金本位制が確立する。イングラ

ンド銀行は、1400万ポンドを超える銀行券の発行については、完全な金準備を必要とすることになったのである。逆に言えば、1400万ポンドまでは、政府証券を担保とした金の準備のない銀行券の発行が認められたとも言える。

　金本位制は、1870年代に国際通貨システムとして確立する。第1次世界大戦時に一時停止され、1920年代後半に復活するが、1929年の世界恐慌を契機に崩壊の道を歩む。帝国主義列強の下でそれぞれに通貨圏ができ上がり、ブロック経済化する。その結末が第2次世界大戦であった。したがって、第2次世界大戦後の金本位制の復活は、平和への願いでもあった。

　紙幣にはそれ自身の価値はなく、金や銀の貨幣には、それ自身の価値がある。これは一見自明のことに見える。しかし、金の価値とは何か。1897年の日本の貨幣法は、1円を金750mgとする。日本の貨幣の単位を金の重量と結びつけることで金本位制が成り立つ。この場合の円は、日本の貨幣の呼称である。

　金が貨幣の場合は、商品価格は金の重量で表記される。例えば、ワイシャツ1枚が1gの金という価格をつけるのである。商品の価値は金の重さで表現され、これが価格となる。すべての商品が金で価値を表現するので、金だけは自らの価値を表現しない。つまり金には価格はない。この状態が金貨幣の本来の姿である。各国は、一定の比率で国内の通貨を金と関連づけ、相互に金を媒介にすることで国際金本位制が成り立つ。

　第2次世界大戦後の国際通貨体制は、アメリカが各国の通貨当局に対し、アメリカのドルと交換に金を渡すことで成り立っていた。1トロイ・オンス＝35ドルである。1トロイ・オンスは約30gの金の重量である。金の価値（時価）ではなく、金の重量とドルが一定比率で結びつくことで、ドルの価値が保証され、国際通貨として機能する。各国はドルとの固定相場を維持することで、国際的な取引のシステムができ上がった。この時、1ドル＝360円となった。

　仮に金の時価とドルが結びつく時価本位制であれば、金の価値が変

われ␣ばドルの価値も変わる。しかし、この制度では、ドルの安定性は保たれず、国際通貨システムとしては、価値の安定性という点で、実質的には意味のない制度になる。

　金の価値を保つためには、アメリカは金兌換の需要に応じなければならなかった。時価であれば、高い時には少ない金を払えばよいが、重量と結びついているため、場合によっては、歯止めのきかない兌換需要に応じることになる。金は戦時には貴重であり、東西の冷戦下では、金兌換にも政治的な面からみて許容限度がある。

　ベトナム戦争の最中、ニクソン・ショックによって、アメリカの金兌換の制度は終止符を打った。金価値の変動が、金の兌換需要の急増となって制度を壊した。以後、金兌換は行われていない。

　しかし、実際には紙幣だけではなく金の価値も変動する。そして、金価値の変動もまた、経済に混乱をもたらしてきたのである。貨幣数量説は、金や銀という貴金属貨幣の価値変動の問題から広まった学説である。

コロンブスの神話

　『コロンブス航海日誌』（岩波文庫）を読むと驚かされる。コロン提督（コロンブスの本名）は、大西洋を西に航海途中、いろいろな島にたどり着いて上陸する。島民が顔に装飾品としてつけている金を発見すると、それはどこで採れたかと尋ねる。案内させて現場に行く。

　子供の頃に冒険家として英雄だったコロンブスが、金の亡者になっている。コロンブスがアメリカの近くの島にたどり着いて、アメリカ発見の栄誉を得たのは1492年。この頃に資本主義の第一段階である重商主義が始まる。資本主義の始まりとはいっても、政治体制としては封建制の後期の絶対王政の時代である。

　航海技術の発展によって、地中海を飛び出て、地球規模で人々が移動するようになった。コロンブスのアメリカ大陸の発見やマゼランの世界一周はその記念碑である。この時代は「大航海時代」、「地理上の

発見の時代」と呼ばれる。

　重商主義のパワーの源は、商品経済の発展と貨幣としての金や銀の広がりである。素材的に腐ることなく無限に蓄積できる金や銀は、富として人間の欲望を刺激した。遠い見知らぬ国の珍しいものを持ち帰れば、金や銀が手に入る。さらにはこんな面倒な手間を省いて、直接的に金や銀を持ち帰ればもっと手っ取り早い。

　錬金術の急速な普及もこの頃のことである。鉛のような卑金属を金に変えたいという人間の強烈な願望が、魔法と科学を発展させた。錬金術（alchemy）が近代の化学（chemistry）の語源とも言われる。

　コロンブス以降、中南米の諸国は、スペインとポルトガルの餌食となった。金や銀の豊かな鉱山を持っていたからである。金や銀を得るために、中南米では大量の虐殺が行われ、インカ文明が根こそぎ破壊された。黄金に狂った時代である。

　ヨーロッパには、大量の金や銀が中南米から流れ込んだ。同時に、16世紀の中頃からヨーロッパの物価が上昇し始める。これは価格革命と呼ばれる。その真偽は必ずしも定かではない。一般には、ヨーロッパの物価は100年で2～3倍になったと言われる。当時の経済学者も物価の上昇を問題にし、その原因を分析している。

貨幣数量説

　その答えの1つが、貨幣数量説である。この学説の起源は定かではない。貨幣数量説の解説書は、中世のスコラ哲学、スペインのサラマンカ学派に遡ると説く。とにかく旧い。しかし、この学説は、モンテスキュー（Charles-Louis de Montesquieu, 1689～1755）やヒューム（David Hume, 1711～1776）の学説として広まる。いずれも世界史に名を残す哲学者である。モンテスキューは、『法の精神』の中で、貨幣数量説を詳しく説明している。

　貨幣数量説は、重商主義に対する批判の学説である。重商主義諸国は、金や銀を求めて中南米に進出した。しかし、当時の先進国である

スペインやポルトガルは、先に中南米の鉱山を奪い取ってしまう。当時の後進国イギリスはどうしたらよいか。

この問いに答えたのが、トーマス・マンの『外国貿易によるイングランドの財宝』(1664) である。戦争で富を略奪するなら別だが、平和時に富を増やす方法は、輸出の総額から輸入の総額を引いた差額を増やすことである、というのがその答えである。黒字額を全体として増やすことである。黒字分は、貿易の決済によって、金や銀としてイングランド（スコットランドの併合は1707年。したがってこの時期はイングランドの呼称を用いる）に流入する。金や銀の貨幣が、重商主義にとっては「富」なので、これで富は増えたことになる。

富を貨幣ではなく生産物であると考えるアダム・スミスにとっては、まともに相手にできない経済思想だが、異常な思想というわけではない。むしろ、貨幣を交換の道具として割り切るスミスの方が、貨幣の本質を見逃している可能性もある。何より、重商主義期は戦争の時代であり、戦争には金や銀の貨幣は不可欠であった。貨幣は、国力の象徴であるだけでなく実質的な力として意味をも持っていたのである。

貨幣数量説が理論的な形をとるのは、これも世界史に残る哲学者ロック (John Locke, 1632〜1704) による。彼は、貿易差額主義を受容した上で、貨幣数量説も唱えた。貿易差額によって国内に貨幣量が増えることは、商業や工業にとってよいことであると考える。「貨幣の不足」という当時騒がれていた問題に対する解決になると考えていた。

その一方で彼は、200年前に比べて銀の量が10倍になったので、銀貨幣の価値は10分の9小さくなった、と主張する。これが貨幣数量説の考え方である。貨幣量が増えれば貨幣価値が下がり、物価が上がるという主張である。

貨幣数量説を採用するには、貨幣の価値に関する理論が重要な役割を果たす。金や銀の貨幣はそれ自身は価値を持たない、と考える必要がある。ロックは、貨幣の価値は「想像的」であると言う。マルクスは、貨幣数量説にとってはこの認識が決定的に重要だったと言う。金や銀の貨幣の価値を想像的価値とすることで、金や銀をいくら積み上

げても、富の増大にはならなくなるからである。金や銀には固有の価値はなく、すべて需要と供給で決まると言えるからである。この理論に当てはめれば、中南米から大量の金や銀がヨーロッパに流入したことが、金や銀の価値を下げ、ヨーロッパの物価を上げたのである。

　この考えは、本来は重商主義の貨幣観とは対立する。しかし、ロックは一方では重商主義の貿易差額主義によって貨幣が増え、経済が成長することを期待し、他方では、貨幣数量説によって、貨幣量の増加による物価の上昇を説明していたのである。

　貨幣数量説が明確な重商主義批判として整理されるのは、ヒュームによって、貨幣数量説は完成したと言ってよい。

　ヒュームは、第1に、貨幣は富ではなく交換の道具であるとする。重商主義の貨幣観の大転換である。この貨幣観は、古典派経済学をはじめ、多かれ少なかれ経済学が継承することとなる。ただし、アダム・スミスは、貨幣＝道具説はとっているが、貨幣数量説は否定している。

　第2に、ヒュームは、ロック同様、貨幣の内在的で固有の価値を否定する。貨幣の価値を「擬制的価値」と見なす。貨幣の価値は需給関係で決まり、したがって、貨幣量の増加と物価とは比例関係を保つと考える。

　ヒュームは、貨幣量の増加は、物価を上げるだけで意味はない。むしろ、交換の道具としての貨幣量が増え、計算単位が大きくなる分、不便になるとまで言う。貨幣の増加は価格水準を変えるだけで経済には影響しないと考える。これは「貨幣の中立性」と呼ばれる。

　この考え方は、「機械的貨幣数量説」と呼ばれることもある。貨幣数量説の基本である。

　第3に、ヒュームは「連続的影響説」と呼ばれる議論をする。貨幣の増加は、結果から見れば経済に対して何の意味もないが、貨幣がまんべんなく社会の隅々にまで行き渡る過渡的期間においては、貨幣は経済を活性化させる効果を持つ、とするものである。貨幣の増加は収入の増加という貨幣錯覚をもたらすからである。貨幣の増大が効果を持つかどうかは人々が貨幣錯覚を持つかどうかにかかっているのである。

連続的影響説は、貨幣数量説の基本的な考えとは、本来は矛盾する。短期的には連続的影響説が成り立ち、長期的には機械的な貨幣数量説が成り立つ、と整理されることもあるが、実際には、貨幣数量説はこの相反する2つの顔を持ち、時と場合によって使い分けてきた。

　第4に、貿易差額説を念頭に置いた金銀貨幣の循環論である。つまり、輸出が増加して貿易の黒字が増え、貿易の決済を通して金銀が国内に流入し、国内の貨幣量が増加すれば、その国の物価は上昇し、輸出条件が悪くなって、貨幣が流出する。そして、貨幣が流出すれば、国内の貨幣量が減るので、貨幣価値が上昇し、物価が下落する。今度は、物価の下落が輸出の条件を有利にするので輸出が増え、金銀が流入するという循環を繰り返す。金や銀の貨幣は、こうした国際的な自動調節機構を持っている。

　この理論からすると、貿易差額主義は意味がない政策になる。国家が貿易差額主義をとって金銀貨幣の流入をめざしても、いずれは自動調節されることになる。つまり貿易差額主義は、無駄な政策であり、自由貿易が自然の流れに即した最も良いシステムであるという主張につながる。

　ヒュームは、もしこっそりと国家が増大した金や銀を金庫にしまい込んだら…という禁じ手にも触れる。しかし、ヒュームは指摘するだけで深くは立ち入っていない。この禁じ手を使った国の物価は低く抑えられ、有利な輸出条件を維持し、金銀を他国から吸い上げ続けることになる。

　ヒュームの貨幣数量説は、機械的な貨幣数量説と連続的影響説の2つの異なった考えを持っている。連続的影響説は、過渡的期間の暫定措置のように見える。しかし、ヒュームはこれを永続的な経済政策として使うことを薦める。目立たないように常に貨幣量を増やし続ける政策がよい政策だと言っているのである。

MV=PT

　貨幣数量説は、20世紀に入り、フィッシャー（Irving Fisher, 1867～1947）によって「フィッシャーの交換方程式」と呼ばれる形で整理され、MV=PTと表現された。Mは貨幣（Money）の量を表し、Vは貨幣の流通速度（velocity）、Pは価格（price）、Tは取引量（transaction）を表す。Vは、基本的には一定期間における貨幣の使用回数と考える。貨幣を千円札だけと仮定し、期間を1週間とする。そして、この千円札に目印をつけて追跡すれば、その千円札が1週間に何回使用されたかが分かる。5回使用されればV=5である。

　Mは貨幣量である。千円札が3枚存在し、5回ずつ使用されれば、購買額は合計15000円である。また、ペットボトルの茶が1個100円で150個売れたとすると、PT = 100（円）× 150（個）で、15000円である。これは必ず一致する。

　ウソをつかない限り、売った値段と買った値段はズレないので、販売価格と購買額が一致する。つまり、フィッシャーの交換方程式と呼ばれるMV=PTは常に正しいことになる。これは自明のことであり、反論の余地はないと言われる。

　フィッシャーは、ここでVとTは慣習的に決まり、大きな変動はないと言う。残ったMとP、貨幣量と物価は常に比例する。これも自明ということになる。したがって、貨幣が増えれば物価が上がる。貨幣が減れば物価が下がる。この点についても、この仮定の下では反論の余地はない。

　ここから一歩進んで政策論的に言えば、物価が上がらないのは貨幣が足りないからで、貨幣を増やせば物価が上がる、という見解が導き出される。

　これと並ぶ貨幣数量説のもう1つの式は、ケンブリッジ方程式と呼ばれ、M=kPyと表現される。

　yは実質国民所得とされ、Pは価格なので、Pyは名目国民所得になる。ここでkは、貨幣の保有動機を重視したマーシャルにちなん

でマーシャルのkと呼ばれ、名目国民所得に対する貨幣の保有比率を意味する。kが安定的であれば、MとPは比例関係におかれ、貨幣量の増加は物価を上昇させることになる。フィッシャーの交換方程式と同じ結論が導かれるのである。

しかし、フィッシャーのMV=PTは、取引される購買額と販売額の総額が等しいという「自明の」真理に訴えるものであったが、M=kPyのyは実質国民所得であって、取引量のすべてではなく、付加価値部分だけである。したがって、この式は「自明さ」を主張しているのではなく、国民所得と貨幣量の比をkと表現しているだけである。既存の統計である国民所得を尺度とした貨幣量の大小を見る指標であり、既存の統計を利用できるという点が、一般に使用される理由である。

フリードマンもまた、貨幣数量説は、MとPの比例関係だけではなく、Mが原因でPが結果である学説であることを主張する。フリードマンの実証研究がこれを裏づける。貨幣量の変化が原因であり、物価の変化は結果なのである。

フリードマンがケインズ派の政策を批判して貨幣数量説を復活させた時の主張は、貨幣を一定率のx％で増やし続ける政策であった。理由は、貨幣量を増やしたり減らしたりすれば、物価が上がったり下がったりするが、その効果がいつ出るかは誰にもわからない。そうであるとすると、はじめから増加率を一定に決めた方がよい、ということであった。

現在のアベノミクスをヒュームに当てはめれば、連続的影響説を継続的に使うということである。しかし、ヒュームとはその規模が違う。

古典派の貨幣数量説批判

貨幣数量説は、一般的には古典派の基本理論として理解されている。確かに、貨幣数量説は、今でも広く受け入れられている。ただし、ここでは弁明が必要であろう。古典派の主流は、スミス、リカードウ、

さらに加えるとすればJ.S.ミル（John Stuart Mill, 1806〜1873）である。しかし、いずれも貨幣数量説とは言い難い。

　スミスは、貨幣数量説を作ったヒュームの親友である。ヒュームの画期的な貨幣観、すなわち貨幣は道具である、という考えを積極的に受け入れている。しかし、スミスは貨幣数量説はとらない。しばしばスミスが貨幣数量説であるかのように誤解されているが、むしろ『国富論』の中で繰り返し貨幣数量説を批判している。

　スミスは、労働価値論の確立者である。彼の労働価値論は、二面的である。第1に、生産に使われた労働であり、第2に、他の生産物の生産に使われた労働時間、あるいは労働者の行う労働時間である。前者は投下労働、後者は支配労働と呼ばれ、支配労働は他人の生産物に含まれる労働時間と労働者の行なう現実の労働時間の2つのケースに分かれる。労働者の行なう労働時間を支配労働とする場合は、5時間労働の穀物で労働者が8時間働く関係が生じる。差額の3時間は余剰の生産に当てられ、利潤の源泉となる。スミスは、自分の投下労働がどれだけの労働を支配するかで、富裕の程度が分かると考えたのである。投下労働は自分の努力であるが、支配労働は社会的な評価であり価値の尺度である。

　貨幣数量説は、スミスの労働価値論とは両立はできない。スミスによれば、ヨーロッパの物価の上昇は、中南米からの金銀の流入によるものだが、それは量が増えたからではない。中南米の鉱山の豊度が高いために、投下労働が少なく、したがって支配労働も小さくなり、ヨーロッパの物価が上がったと言うのである。これを費用で表現すると、金銀の生産費の減少が、ヨーロッパの物価上昇の原因なのである。

　貨幣量と物価との関係については、貨幣の方が流通に必要な量に調整されると考える。つまり、原因と結果は逆で、貨幣量が増えたとすれば、商品の価格の上昇と市場にある商品の取引量が増えたことが原因であるとするのである。これを「必要流通手段量説」と呼ぶ。

　リカードウは、貨幣数量説の代表的な論者であると言われている。確かにリカードウは、ナポレオン戦争に伴なうイングランドン銀行

の兌換停止後の物価上昇をめぐる論争（地金論争）に加わった時には、貨幣数量説の代表的な主張者であった。

リカードウの研究ノートには、アダム・スミスも貨幣数量説の論者として扱われている。それは、スミスが金や銀の価値を希少性によって決まるとしたことによる。しかし、スミスの希少性論は、労働価値論を否定するものではない。希少なものについては、人はどれだけの労働を費やしても獲得しようとするというのが、スミスの希少性による価値の決定の仕方である。希少性と労働とは比例していたのである。

リカードウもまた、研究の進展に従って徐々に労働価値論に傾き、この理論を取り入れた。これに伴って貨幣数量説を修正する。主著『経済学および課税の原理』(1817) では、貴金属貨幣については、貨幣数量説を採用していない。スミスの必要流通手段量説をとる。特に当時のイギリスの貨幣の自由鋳造制度は、必要流通手段量説にとって重要な役割を果たしている。イギリスでは、無料で地金や食器などの金を鋳貨に鋳造し、また鋳貨を地金に戻すことができた。この制度が必要流通手段量説を制度的に支えた。

ただし、リカードウは、一定の範囲内（これを「最軽量目規程」と言う）で摩損した鋳貨を流通させるには、流通鋳貨量を少なめにするという主張もしており、この摩損鋳貨の摩損部分については貨幣数量説に依拠している。

また、リカードウは、『経済学および課税の原理』において、紙幣論を展開し、紙幣に関しては貨幣数量説が完全に有効であると考えている。晩年の論稿は、紙幣の発行を「賢人（commissioners）」に委ね、国立銀行を設立することを提唱している。

他方、J.S. ミルは、貨幣数量説は正しいと繰り返し述べているが、多くの制約をつけている。何より、ミルの貨幣数量説自体が限定的である。その主要な点は、金銀貨幣は量の調整に時間がかかるので、この調整期間は貨幣数量説が当てはまるという主張である。

J.S. ミルは、金や銀の貨幣について、最終的には生産費が価値を決めると考えている。したがって、価格が生産費に収れんするまでの期

間だけ貨幣数量説が適応されるという限定的な貨幣数量説を唱えたのである。しかし、もともとの貨幣数量説は、生産費のような内在的な固有の価値を否定し、貨幣が供給されれば、どこまでも価値は下落し、物価は上がる、と説く学説である。ミルの見解は、本来の貨幣数量説ではない。

　また、ミルの貨幣数量説は、使用された貨幣だけを貨幣と考えれば正しい、という考えである。つまり、貨幣が増えても使用されなければ物価は上がらないことを前提にしている。こうした考えは、貨幣量の増加が物価を上げるという貨幣数量説の意味を実質的になくすものである。

　貨幣量が増えても使われなかったら物価は上昇しない。貨幣数量批判として、この問題を提起したのは、ジェームズ・ステュアート（James Steuart, 1713～1780）である。彼は、スミスの『国富論』よりも9年前に出版された『経済学原理』(1767)の中で、この問題を指摘している。貨幣を増やすことと需要を増やすことは別のことだからである。

　貨幣数量説の抱える問題は、マルクス以前に指摘されていた。貨幣と物価、どちらが原因でどちらが結果なのか。貨幣が増えるとどのようにして物価が上がるのか、また経済を活性化させるのか。これが貨幣数量説の抱える基本的な問題であり、今のアベノミクスが問われている問題でもある。

　マルクスは、貨幣数量説を批判して、必要流通手段量説を支持する。商品の取引額を貨幣量と使用回数の積で割ったものが必要流通手段量を決めると説く。貨幣数量説の考え方とは、原因と結果とが逆である。

貨幣の機能

　最後に貨幣の機能をマルクスに拠って整理する。
　貨幣の機能の第1は、価値尺度機能である。通常、貨幣は交換の道具と考えられるが、交換の以前に価格という社会的な関連を結ぶための形式を取る。このことなくして、財は商品にならない。したがって、

金という素材が、商品の価値の表現の材料となること、これが価値尺度機能である。

言うまでもなく、現代の貨幣は金とは交換できない不換紙幣である。ニクソン・ショック以降は、金貨幣は貨幣としての役割をなくしている。マルクスの想定外の事態である。

不換紙幣の価値は、純粋に社会的な幻想である。1970年に1杯100円だったラーメンが今500円になったとしても、ラーメンに対する需要が5倍になったわけではない。貨幣の価値の水準が、徐々に下がったのである。

貨幣の価値は、商品に価格をつけることで常に更新されている。商品は価格をつけることで自分の価値を表現する。同時に価格をつけることで、貨幣に購買力を与えている。500円とつけることで、500円玉にラーメン1杯の購買力を与えられるのである。「円」という貨幣名と数字に購買力を与えているのである。

金の場合には、金の価値を基準に商品の価値を評価するが、不換紙幣の場合には、基準となる価値はない。他の商品に対する購買力を主観的に頭の中で判断して、商品の価格が付けられている。主観的な判断の共同作業によって、紙幣の価値が成立しているのである。この幻想が壊れる可能性はいつでもある。

第2の機能は、流通手段機能である。交換手段と呼んでも問題はないが、商品は1回の持ち手の交替で消費過程に入るのに対して、貨幣は、転々と持ち手を替えながら商品を生産から消費へと移すという社会的な役割を果たす。マルクスはこの社会的な側面を重視して、貨幣の「流通手段機能」と呼ぶ。

この流通手段の量は、マルクスの場合、商品価値の総量と貨幣の使用頻度によって調整されると考えている。貨幣量が物価に影響するのではなく、市場の活動の方が貨幣量を調整するのである。見て来たようにこの見解は、現在の主流学説である貨幣数量説と対立する。

第3の機能をマルクスは「貨幣」と呼ぶ。マルクスには、「貨幣としての貨幣」という表現もある。この「貨幣」は、貨幣を富として蓄

える「貨幣蓄蔵」、信用売買の決済などの支払いのために用いる「支払手段機能」、金が貨幣として国際的に用いられる場合の「世界貨幣」に分かれる。

　経済学では、支払手段機能と交換手段は、同じものとみなすことがある。しかし、信用売買における購買によって所有権は移転し、一定期間後の支払いは、購買でなく貨幣そのものの移転である。租税の支払いなども購買からは区別された支払手段機能である。

　世界貨幣は貨幣の新たな機能ではなく、貨幣が国際的な取引の場面で主に用いられる支払手段や購買手段としての機能である。貨幣が使用される場面が違うために区別したものである。貨幣は、国内では、銀などの補助鋳貨や紙幣でも流通するが、国境を超えた取引には金しか使用できない、とマルクスは考えている。米ドルのような一国の不換紙幣が国際通貨として通用することは、金本位制隆盛の時代に生きたマルクスには考えが及ばない。

　今の紙幣は不換紙幣である。金との交換は誰もしてくれない。不換紙幣は、発行主体が危機に陥った時には機能しなくなる。どの国の通貨が国際通貨として使用されるかに関しては、経済力や政治力に並んで軍事力が大きな意味を持つ。国家の存続が国際通貨の前提だからである。

　不換紙幣は、危機には弱い。金本位制も危機の際には機能がマヒする。しかしそれは金が貨幣として不適切だからではない。金が危機に強いからこそ人々が金を求める。このために生じる混乱である。不換紙幣が機能しなくなる時は、不換紙幣が見捨てられる時である。金とは逆である。

　第2次世界大戦の終了前、イギリスの経済学者ケインズ（John Maynard Keynes, 1883～1946）は、第2次世界大戦後の国際通貨システムについて話し合ったブレトンウッズ会議において、バンコールという国際的な決済通貨の提案をする。この案は採用されずに、結局はアメリカ中心の金とドルによる国際通貨システムが作られる。しかし、ケインズの提案は面白い。金でバンコールは買えるが、バンコールで金は買え

ない。バンコールはフランス語で「金の銀行」を連想させる造語だが、金との関係は微妙に離れている。このバンコールの可能性について、ケインズは絶対的な平和が条件であると唱える。

　今の国際通貨システムも、平和なくしてはあり得ない。多くの国は、公的外貨準備を金で持っている。アメリカは75％以上、ドイツ、フランス、イタリアも70％以上は金である。日本の公的金保有額は、800t弱、外貨保有の3％強である。実に不安である。

第7章 日本経済のピケティ現象

日本の貧困問題

　日本の格差問題は、奇妙である。第4章、**図4-8**で示したように、ピケティが富裕層として扱う上位10％の下限の年収は、この10年間下がり続けている。日本は、バブル崩壊と1997年に始まる金融機関の経営破綻によって、先進国にもまれな長期にわたる経済停滞を経験している。

　ピケティの格差批判は、富裕層に向けられており、確かに日本でも富裕層は台頭している。しかし、日本の格差問題を考えるには、貧困層の増大に目を向けなければならない。

　OECDの国際比較のための基準の統計に、「相対的貧困率」がある。先進国の格差問題を貧困者の視点からデータ化したものであり、先進国でも人並みの生活ができない層が出ているという問題である。特に、日本は他の先進国とは少し事情が違う。貧困問題が深刻なのである。

　相対的貧困率とは、一般的には、国民を所得順に並べ、真中の人の半分以下しか所得がない人を貧困層と見る。国民の生活水準はそれぞれに違う。この指標は、いわば、その国においてまともな生活ができるかどうかの指標である。

　図7-1は、日本における相対的貧困率の推移を表したものである。

　グラフの上から2番目の線が、日本の相対的貧困率で、平成24年度（2012）で、16.1％である。相対的貧困化の問題は、特に子供に影響する。子どもの貧困率を含めて作成されたのが**図7-1**である。日本において、相対的貧困率が徐々に上昇していることがわかる。貧困線

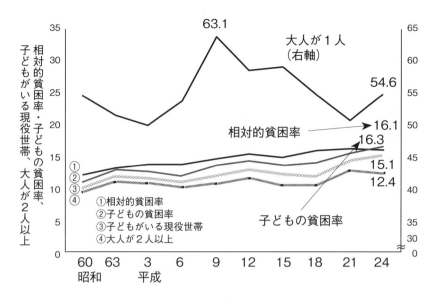

図7-1 日本の相対的貧困率の推移
（厚生労働省『平成25年 国民生活意識調査の概況』）

は世帯単位で122万円である。日本では、16.1％、つまりほぼ6人に1人が、122万円以下の生活をしていることになる。

　このこと自体も深刻であるが、子供のいる世帯で、かつ大人ひとりの世帯の貧困率は、54.6％である。この数値はインパクトが強い。父親か母親のいずれかだけの世帯の子供の半分以上が、年収122万円以下の生活をしている。ほとんどの家庭で、子供の就学条件が壊れつつあるのである。

　日本の貧困化がどの程度の問題なのかは、国際比較によってわかる。
　国際的に比較したデータとしては、内閣府『平成26年版　子ども・若者白書（全体版）』がある。下の方に位置している国が、貧困率の高い国である。

　2010年時点での比較であり、日本の貧困率の高さがわかる。すべての項目でOECDの平均を上回っている。特に、大人ひとり世帯の子どもの貧困率は、OECDの中でも最悪である。

第 7 章　日本経済のピケティ現象

表 7-1　相対的貧困率の国際比較（OECD）

順位	相対的貧困率 国名	割合	順位	子どもの貧困率 国名	割合	順位	合計 国名	割合	順位	子どもがいる世帯の相対的貧困率 大人一人 国名	割合	順位	大人が二人以上 国名	割合
1	デンマーク	5.8	1	デンマーク	3.7	1	デンマーク	3.0	1	デンマーク	9.3	1	ドイツ	2.6
2	チェコ	6.0	2	フィンランド	3.9	2	フィンランド	3.7	–	–	–	2	デンマーク	2.6
3	アイスランド	6.4	3	ノルウェー	5.1	3	ノルウェー	4.4	2	ノルウェー	11.4	3	ノルウェー	2.8
4	ハンガリー	6.8	4	アイスランド	7.1	4	アイスランド	6.3	3	フィンランド	14.7	4	フィンランド	2.8
5	ルクセンブルク	7.2	5	オーストリア	8.2	5	オーストリア	6.7	4	アイスランド	15.9	5	アイスランド	3.0
6	フィンランド	7.3	6	スウェーデン	8.2	6	スウェーデン	6.9	5	英国	16.9	6	スウェーデン	3.4
7	ノルウェー	7.5	7	チェコ	9.0	7	スウェーデン	7.1	6	スウェーデン	19.5	7	アイルランド	4.3
8	オランダ	7.8	8	ドイツ	9.1	8	ドイツ	7.6	7	アイルランド	25.3	8	オランダ	5.4
9	スロバキア	7.8	9	ハンガリー	9.4	9	アイルランド	7.9	8	オランダ	25.3	9	フランス	5.4
10	フランス	7.9	10	オランダ	9.4	10	オランダ	8.2	9	フランス	25.7	10	オーストリア	5.6
11	オーストリア	8.1	11	英国	9.4	11	フランス	8.2	10	ポーランド	27.1	11	チェコ	6.0
12	ドイツ	8.8	12	スロベニア	9.8	12	スロベニア	8.7	11	オーストラリア	27.3	12	オーストラリア	6.7
13	アイルランド	9.0	13	スイス	9.8	13	英国	8.7	12	スイス	28.8	13	スイス	7.5
14	スウェーデン	9.1	14	フランス	9.9	14	スイス	9.0	13	ニュージーランド	28.8	14	ハンガリー	7.5
15	スロベニア	9.2	15	アイルランド	10.2	15	ルクセンブルク	9.2	14	ギリシャ	30.9	15	ルクセンブルク	7.9
16	スイス	9.5	16	ルクセンブルク	11.0	16	ルクセンブルク	9.7	15	ハンガリー	31.3	16	ニュージーランド	7.9
17	英国	9.7	17	ベルギー	11.4	17	ベルギー	10.4	16	英国	31.3	17	英国	8.3
18	ベルギー	9.9	18	ニュージーランド	12.1	18	ニュージーランド	10.5	17	ルクセンブルク	31.6	18	ベルギー	8.6
19	ニュージーランド	10.3	19	スロバキア	12.4	19	エストニア	10.9	18	ハンガリー	32.7	19	チェコ	9.3
20	エストニア	11.0	20	エストニア	12.8	20	チェコ	11.4	19	スイス	33.2	20	カナダ	9.7
21	ポルトガル	11.4	21	カナダ	13.3	21	スロバキア	11.9	20	チェコ	33.4	21	エストニア	10.1
22	エストニア	11.7	22	ベルギー	13.6	22	カナダ	12.1	21	スロベニア	34.0	22	スロベニア	10.7
23	カナダ	11.9	23	ポーランド	14.0	23	ポーランド	12.5	22	エストニア	34.3	23	ポーランド	11.8
24	イタリア	13.0	24	オーストラリア	15.1	24	オーストラリア	14.2	23	カナダ	35.2	24	日本	12.7
25	ギリシャ	14.3	25	日本	15.7	25	日本	14.6	24	イタリア	38.8	25	アメリカ	13.1
26	オーストラリア	14.5	26	ポルトガル	16.2	26	ポルトガル	15.8	25	トルコ	38.8	26	ポルトガル	15.2
27	韓国	14.5	27	ギリシャ	17.7	27	イタリア	16.6	26	スペイン	39.8	27	ギリシャ	15.2
28	スペイン	14.9	28	イタリア	17.8	28	ギリシャ	16.6	27	カナダ	44.9	28	イタリア	15.2
29	日本	16.0	29	スペイン	20.5	29	スペイン	18.9	28	ルクセンブルク	44.9	29	スペイン	17.9
30	アメリカ	17.4	30	アメリカ	21.2	30	アメリカ	20.5	29	オーストラリア	45.0	30	チリ	18.2
31	チリ	18.0	31	チリ	23.9	31	チリ	21.5	30	アメリカ	45.0	31	アメリカ	18.2
32	トルコ	19.3	32	メキシコ	24.5	32	メキシコ	22.9	31	イスラエル	47.7	32	メキシコ	21.0
33	メキシコ	20.4	33	トルコ	27.5	33	トルコ	24.3	32	トルコ	49.0	33	トルコ	22.6
34	イスラエル	20.9	34	イスラエル	28.5	–	–	–	33	日本	50.8	34	イスラエル	23.3
–	OECD平均	11.3	–	OECD平均	13.3	–	OECD平均	11.6	–	OECD平均	31.0	–	OECD平均	9.9

（出典）OECD（2014）Family database 'Child poverty'：ハンガリー、アイルラド、日本、ニュージーランドスイスの数値は 2009 年、チリは 2011 年。

2010年は、**図5-1**の毎日新聞の作成したジニ係数の推移によれば、日本の格差が急激に縮小した年である。そして、格差は2012年以降急激に拡大している。つまり、この表の基準となっている2010年度よりも、事態は深刻になってきていることが推測される。日本の貧困率は着実に上がっており、そのしわ寄せが子供たちに来ているのである。発展途上国の相対的貧困率は下がる傾向にあると言われているので、現状では世界でもトップレベルの相対的貧困国家になっているものと思われる。

　相対的貧困率は、日本はあまり重視してこなかったデータと言われる。このデータによって、日本の思わぬ弱点が指摘されたというよりも、日本社会が変わってしまったことに気づかなかったことを意味している。1970年代の「1億総中流」は遠い昔のことであり、日本はその頃とは別の国になっている。

　なお、絶対的貧困は、世界銀行の基準では、1日1.25ドル以下の収入となっており、肉体的な生存を脅かすレベルの貧困の状態である。世界の4人に1人がこの状況にあると言われている。これに対して相対的貧困は、国ごとの生活の違いを踏まえている。先進国も含めた貧困問題は、この資料によって浮かび上がってくる。貧困化が日本の格差問題の1つと言える。

非正規雇用の増加

　日本の貧困化の問題は、経済の低迷を反映したものだが、その中でも特に非正規雇用の増大は大きな要因の1つであると思われる。

　非正規雇用は、期間付契約の雇用、パート雇用、派遣雇用を指す。**図7-2**は、厚生労働省の作成による非正規雇用者数を示すグラフである。正規雇用者が減り気味なのに、非正規雇用者は増え続け、平成26（2014）年度では、全労働者の40％を超えている。

　非正規雇用の増大は、多様な雇用形態を提供するという限りでは、問題はない。しかし、低賃金労働者の確保がその実態となっているこ

第7章　日本経済のピケティ現象

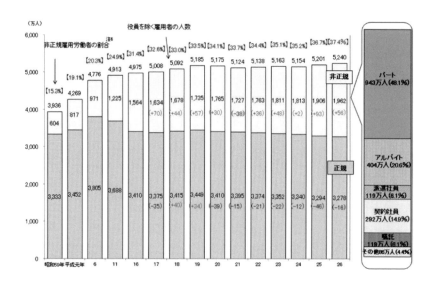

図7-2　非正規雇用者数の推移（厚生労働省『「非正規雇用」の現状と課題』）

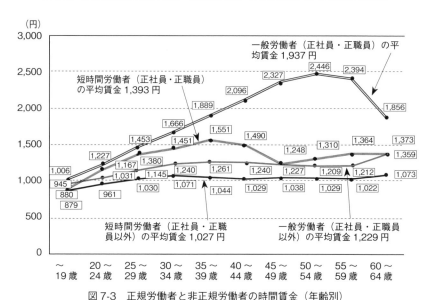

図7-3　正規労働者と非正規労働者の時間賃金（年齢別）

とに問題がある。このことは時間賃金によって明らかになる（**図 7-3**）。

一般労働者に関しては、正規労働者の平均時間賃金は 1937 円、非正規労働者は 1229 円、非正規労働者の中の短時間労働者の時間賃金は 1027 円である。非正規労働者で短時間労働者の時給は、正規労働者の約半分になっている。

非正規雇用と女性の就労問題

日本における非正規雇用の増大は、低所得者層の増大による格差の拡大をもたらしたが、同時に、社会問題としての性差別も反映している。

	性別	平均年収	伸び率	正規	伸び率	非正規	伸び率
2012	男	5,020	▲0.4	5,205	-	2,255	-
	女	2,678	0	3,496	-	1,436	-
	計	4,080	▲0.2	4,676	-	1,680	-
2013	男	5,113	1.9	5,266	1.2	2,245	▲0.4
	女	2,715	1.4	3,561	1.9	1,433	▲0.2
	計	4,136	1.4	4,730	1.2	1,678	▲0.1

表 7-2　正規雇用と非正規雇用の年収（国税庁『民間給与実態調査』）

表 7-2 の概要は以下のとおりである。

年間の平均給与は 414 万円。男性 511 万円、女性 272 万円。

正規・非正規雇用別では、正規 473 万円、非正規 168 万円。

男は女の 2 倍弱、正規雇用は非正規雇用の 3 倍強の年収であり、労働格差という意味では、この表は日本の現状を象徴している。

しかし、同調査では、さらに以下の点が確認できる。第 1 に、正規雇用者と非正規雇用者とでは、男女比が逆転している。非正規雇用問題は女子の就労問題であり、女性の働く環境が整っていないという社会問題につながっている。女性が非正規雇用として雇われ、非正規雇用の安い時間賃金がもっぱら女性に適用されているのである。女性非正規雇用のほとんどが、育児問題などから甘んじて劣悪な条件を受け入れているものと考えられる。日本の格差問題が、社会的な性差別とつながっている一面である。

賃金の変化

図 7-4 は所定内給与の推移を示したものである。所定内給与とは、残業などを除いた定期給与である。

所定内給与は順調に上昇してきたが、1997 年の金融機関の破綻以降は、大きな変化はなく、やや減り気味で推移している。正規雇用者の基本的な雇用条件は、下がり気味ではあるが安定している。

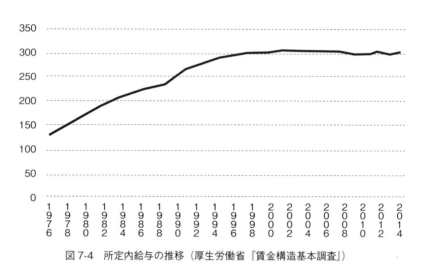

図 7-4 所定内給与の推移（厚生労働省『賃金構造基本調査』）

これに対し、**図 7-5** は、平均年間給与の推移であり、大幅な減少が確認される。非正規雇用の増大によって、日本の労働者は全体として貧しくなっている。

WTID サイトのデータは、給与総額を成人の数で割ったものであり、いわゆる平均給与とは異なる。ただし、当サイトでは、1886 年からの日本の長期データを提供している。

これに対し国税庁『民間給与実態調査』は、給与所得者の平均給与である。

表 7-3 は、現金給与総額を平成 22 年を 100 として示した指数である。

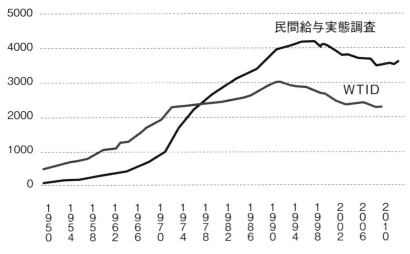

図7-5 1人当たり年間給与（単位千円）
(WTID, http://topincomes.parisschoolofeconomics.eu および国税庁『民間給与実態調査』)

現金給与総額		
平成23年	99.8	-0.2
平成24年	98.9	-0.9
平成25年	98.5	-0.4
平成26年	98.9	0.4

表7-3
現金給与総額（厚生労働省『毎月勤労統計調査』）

　現金給与総額は、平成22年の水準に達していないのである。なお、平成26年の年間給与総額の実質は、前年比3％のマイナスとなったことが確定している。上場企業が過去最高の営業利益を計上し、東京証券取引所の株式の時価総額がバブル期を超える中で、支払給与総額は記録的に減少したのである。日本経済の異様な事態を示している。

日本の富裕層

　図7-6は、ピケティの定義でいう日本の富裕層の上位10％、5％、および1％の下限の年間給与の推移である。いずれもWTIDサイトのものである。

　日本の富裕層は、バブル期までに形成され、特に上位1％に富裕層

の年間給与の増額が著しい。しかし、バブル崩壊以降は、大きな変化はない。失われた20年の中で富裕層の形成も進んではいなかった。

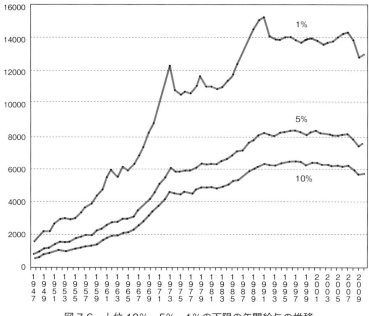

図7-6　上位10％、5％、1％の下限の年間給与の推移
（WTID, http://topincomes.parisschoolofeconomics.eu のデータより作成）

図7-7で見ると、日本の場合、上位0.01％、つまり1万人に1人のレベルの富裕層の1人当たりの年収は、総額で大きくは増えてはいない。0.1％、つまり1000人に1人の富裕層の年収は、オイルショック前、バブル期、リーマン・ショック前に大きく増加し、期間全体としても、増加傾向にある。また、上位1％の下限の給与も、バブル期まで大幅に増加し、その後、横ばいからやや減少傾向になっている。とはいえ上位5％、10％の下限よりも明らかに増加している。

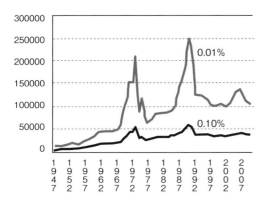

図7-7　上位0.1%、0.01%の下限の年間給与の推移（WTID,http://topincomes.parisschoolofeconomics.euのデータより作成）

日本経済の低迷

　全体としての日本経済は、低迷したままである。**図7-8**は、国民所得と、民間消費支出、民間設備投資の伸び率である。

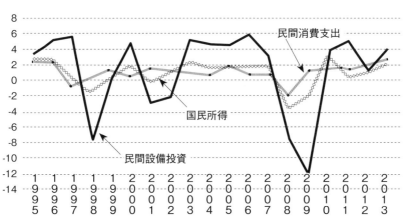

図7-8　国民所得と民間消費支出と民間設備投資の対前年度比（％）
（国税庁『民間給与実態調査』）

　先にマルクスの恐慌論を列挙したが、その中で今回の不況は、過少消費説が最も説得力がある。**図7-9**は日本における支払給与の低迷を明確に示している。賃金の低下が消費需要を低迷させ、投資を鈍らせ

117

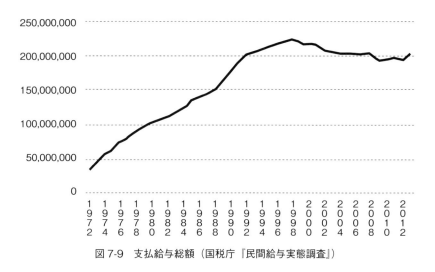

図 7-9　支払給与総額（国税庁『民間給与実態調査』）

る。売りは「命がけの飛躍」であり、売れる見込みがなければ、投資は行われない。**図 7-8** と**図 7-9** は日本経済の負のスパイラルを表現している。

　ピケティは、産業革命以来の産出成長に関する詳細な時系列データをもとに、1980 - 2012 年の 1 人当たり国民所得の成長率は、世界全体では 2.1％、日本は 1.5％で西ヨーロッパと同じ、北アメリカは 1.6％であると指摘する。また、2100 年までの成長予測も、日本は年率 1.2％とされており、西ヨーロッパ、アメリカと並んで低成長の予測がなされている。ピケティの予想では、先に期待は持てないということである。

　なお、日本の経済成長率は、内閣府のデータでは、1995 年以降の 20 年間の平均では実質 0.8％に届いていないので、ピケティの予測は、むしろ好意的である。これが世界的にも希な財政赤字と低成長が日本経済を取り巻く現実である。章を改めて原因と今後について考察してみよう。

第8章 日本経済への提言

デフレは貨幣現象？

 安倍首相は、2013年2月7日の衆議院予算委員会において、デフレは貨幣現象である、と宣言した。マネタリズムの巨匠フリードマンの「インフレは貨幣現象である」を真似たものである。
 2014年度は、マネタリズムにとって象徴的な年となった。貨幣は2倍になったが、物価は全く上がらず、実質賃金が下がり、経済成長率もマイナスであった。その中で、上場企業は過去最高の経常利益を計上し、株価が高騰した。
 貨幣数量説が現実のものとなるには、人々が貨幣錯覚に陥ることが大前提である。メディアがこぞって株価が上がったと報じれば、人々は景気がよくなったと思い込み、消費需要を増やすことが景気を良くする。
 しかし、人々は貨幣錯覚に陥らない。理由は賃金が上がらないからである。一部の豊かになった人を見て、自分の賃金が上がらないのに何の根拠もなく自分も豊かになったと思う人はいない。
 本来、資本主義経済においては、企業がより多くの儲けを目指して行動する以上、社会全体としても成長するものである。ピケティのキリスト誕生以来の長期データがゼロ成長を示しているように、資本主義以前の社会にとって、成長は必ずしも目的ではない。しかし、資本主義にとってのゼロ成長は異常事態である。日本だけが世界からとり残されたのである。
 現在のデフレの原因は、貨幣問題ではない。本当に貨幣不足が原因

なら、貨幣を増やしたのだから解決したはずである。解決しないということは、原因は貨幣ではなかったことになる。

　不況の原因は実体経済にある。その最も大きな、そして直接的な要因は、マルクスに言わせるなら、「搾取し過ぎ」である。2015年3月までの統計では、賃金は非正規雇用者の増大によって下がり続け、支払給与の総額も下がっている。これは消費需要の低迷に直結する。そして消費需要が下っている限り、設備投資が起きない。

　売れる見込みがないのに生産を拡大する資本家はいない。投資の条件がないところに量的緩和政策が行われる。莫大な貨幣が流れ込んでも生産には使用されない。貨幣が足りないから投資をしないのではないのである。

　日本銀行から民間金融機関に供給された貨幣は、日本銀行の中にある民間金融機関の口座に積み上がる。隠語で「ブタ積み」と言う。花札の用語から来ているらしい。結論として、日本銀行が供給した貨幣は日本銀行からは出て行かなかった。日本銀行の口座に貨幣がブタ積みになっていたのである。貸すよ、あるいは借りろ、と言うのに企業は借りない。そして、企業が使わずに持つ資金である内部留保は、国家予算の3倍を超える。ゆがんだ無気力な経済が、今の日本経済である。

　日本経済の低迷は賃金だけの問題ではないが、賃金を上げることが、即効性のある解決策である。とはいえ、零細企業もあれば、急激な円安による負け組企業もある。ピケティの言うように、富者から貧者への所得の再配分のシステムを積極的に構築する必要がある。貧者の需要が、全体のパイ（国民所得）を復活させる鍵になる。

笑えない話

　ピケティ現象の裏で、笑えない話が飛び交っている。ピケティの最も重要な分析手法は、上位10%を富裕層とみなし、彼らの国民所得や資産に対する所有の割合を見ることである。これが彼の格差論の最も重要な手法となっている。

WTIDのデータでは、日本の上位10%の富裕層の下限が577万円である。物議をかもしているのは、年収577万は富裕層か、という問題である。2010年の為替レートを1ドル＝90円で計算すると、アメリカは上位10%とは1,035万円、上位1%とは年収3,330万円以上である。日本とアメリカでは富裕者に格差がある。

　これで富裕層と言えるのか、アメリカは日本の約2倍なので富裕層と聞けば納得もできるが、日本の上位10%はあまりに貧しい、ということである。しかし、577万円は、ピケティの間違いではない。

　身近なところで恐縮だが、私立大学の授業料は年間100万円を超える。入学時の入学料その他を含めれば、これをはるかに上回る。日本の上位10%の下限の「富裕」層は、子供を私立大学入学させたら勤労者のほぼ平均値になる。

　ネット上では何かの間違いではないか、という声もある。しかし、間違いではない。ピケティやWTIDのデータは、日本の統計でも裏づけられる。『民間給与実態調査統計』によれば、2010年（平成22年）の時点で見ると、上位7.9%の下限が800万円、11.8%の下限が700万円であり、ピケティの推計と必ずしも大きなひらきではない。なお、上位1%の下限は1500万円である。

　あまり慰めにはならないが、夫婦共働きの世帯収入全体を取れば、日本の富裕層の上位10%の下限は、この1.5倍ぐらいにはなるであろう。しかし、アメリカも世帯単位の所得は増えるのだから、日本とアメリカの差がこれで埋まるわけではない。いずれにしても、ピケティの「富裕」層という言葉を日本の上位10%に当てはめた時の違和感は、解消しない。

　この違和感の大きな原因は、「富裕層」も日本では貧しくなったということにある。上位10%の下限は、1991年から2007年まで600万円を超えていた。1996年から1998年は、640万円を超えていた。さらに1997年の金融崩壊の年には、ほぼ650万円であった。われわれは過去の記憶を引きずっている。わが国では、1997年から2010年までの間に、約13%も「富裕層」の下限の給与が下がったのである。

2010年の年間所得		最高額（年） 単位：千円
上位 10%下限	5,774	6,510（1997）
上位 5%下限	7,544	8,337（1997）
上位 1%下限	129,92	15,216（1991）
上位 0.1%下限	35,427	59,364（1990）
上位 0.01%下限	106,865	249,890（1990）

表 8-1 富裕者の 2010 年の下限の年収と過去最高額の年収
（WTID, http://topincomes.parisschoolofeconomics.eu のデータより作成）

表 8-1 が示すとおりである。

年収 577 万円に対して富裕という言葉を使うことに違和感を覚える人は、幸運である。本当に富裕かどうかは別に、577 万円をもらっている人は上位 10%であり、上位 10%が相対的に富裕なのは日本では確かなのである。

富裕者が富裕に見えないほど、日本の賃金は安い。今の不況の主要な原因である。マルクスの恐慌論に当てはめれば、過剰な搾取による過少消費が原因となった不況である。過少消費によって、商品の販売が本当に「命懸けの飛躍」になってしまったのである。

マルクスは、基本的には、資本家と労働者との交換は労働力の価値と賃金の交換であり、これは等価交換と見る。賃金で必要な生活資料を労働者は買えるものと考える。資本主義も一定の歴史的な発展段階を担う以上は労働者の生活を破壊することはない、ということを搾取論の前提に置いている。しかし、過少消費恐慌は、この原則が守られずに、搾取が過剰に行われた時に生じる。

日本では、劣悪な条件の下で長時間労働を強いるブラック企業が横行している。日本企業の全体のブラック化も叫ばれている。日本の経営者に、社会や歴史に対するモラルがなくなったとしか言いようがない。かつての日本型経営は、会社を資本家と労働者の対立の場とみるマルクスの見方に対して、会社を「家」のような共同体と見る思想を対置していた。社員をまとめて面倒をみるという責任感が、かつての経営者にはあったのである。

変動相場制と日本

　なぜここまで日本は追い詰められたのか。最大の原因は変動相場制にあると考える。変動相場制自体が、本物ではなかったこと、そして、日本は変動相場制の下でのグローバリゼーションへの対応が不器用だったことである。
　今では当たり前となった変動相場制であるが、これが恒久的な国際通貨システムとして現実のものになるとは、かつては考えられていなかった。
　変動相場制の理論的功績はフリードマンにある。1950年代にフリードマンは変動相場制を唱えている。ただし、この主張は、実現可能なものとは受け止められていなかったものと思われる。
　為替レートは、重要な国家間の交易条件を決める。これが刻々と変動するような制度の下では、企業はまともな経営活動ができず、いつも不安にさらされなければならない。企業経営にとっては、本来は好ましくない制度である。
　しかし、フリードマンの唱えた変動相場制の理論はバラ色であった。何よりも、変動相場制は、国家が為替相場に絶対に介入しない制度であり、したがって、外貨準備はまったく不要な制度である、と言われていた。外貨準備ゼロの制度、これが変動相場制のメリットのはずであった。
　しかし、為替レートを市場に任せれば混乱が起きる。これは誰もが予想することである。この問題にも対策が用意されていた。先物市場の整備である。日々の為替の変動は、先物市場が作られることによってリスクは完全にヘッジされ、全く心配する必要はなくなる、と言われていたのである。
　また、各国の通貨を結びつける国際通貨としての金はいらなくなる。国際通貨としての金は、国際通貨システムの要石でもあったが、重要性であるが故に、危機に際して金は枯渇し、通貨システムの混乱の原因ともなってきた。金は常に管理の必要があった。

これに対し、変動相場制は貨幣の価値を市場に任せる制度であり、市場の決定を正しいものとして受け入れるならば、この制度は良いこと尽くめの制度のはずであった。
　今、このキレイ事を信じる人はいない。アジア通貨危機の際には、通貨価値を安定させるはずの先物市場が逆に投機に利用され、タイの通貨バーツの暴落を招いた。アジア通貨危機の苦い経験から、各国は通貨危機に備えて、多くの外貨準備を蓄えている。外貨準備不要の制度から外貨準備を不可欠とする制度へと変わったのである。つまり、国は必要とあれば、いつでも為替に介入する。これが現実の変動相場制である。理論と現実は随分と違った。
　話を戻す。変動相場制は、ニクソン・ショック（1971）によって現実のものとなる。金とドルの兌換が停止され、変動相場制に移行する。金とドルとの兌換停止はそのまま継続し、変動相場制はスミソニアン協定（1971年12月）により固定相場制に戻る。しかし、1973年以降に再び国際的な変動相場制になり、今日に至る。
　変動相場制をいったん固定相場制に戻したこと自体が、当時は変動相場制が非常時の制度であると思われていた証であろう。しかし、現実には固定相場制が維持できずに、変動相場制へと移行していく。選択の問題ではなく、他の道はなかったのである。
　とはいえ、日本のように本当に変動相場制をとった国は少ない。ヨーロッパはヨーロッパ内部での固定相場の制度をさまざまに作っていたし、その努力は欧州単一通貨ユーロとなって結実している。新興国は強い国の通貨に自国通貨をリンクしていた。今も同じである。日本が正直過ぎた。
　変動相場制の転換点は1985年のプラザ合意にある。先進国(G5)は、ドル安・円高の流れを容認することで合意する。変動相場制の理念は、国家が為替に介入しないことであった。しかし、ドルの危機に際して、この理念は捨てられる。以後、変動相場制は、国際的に管理された通貨システムとなる。
　プラザ合意以前は、1ドル=240円かあるいはそれ以下であった。

10年後の1995年に1ドル=80円を超える円高になった。10年間で3倍は、経営努力でどうにかなるレベルではない。残された道は、賃金の安いアジアへの生産拠点移転と国内の賃金の切り下げである。第2次オイルショック（1979-80）を乗り切って1人勝ちしていた日本経済も、変動相場制に振り回されて、以後転落することになる。

図8-1は、ピケティのデータによるものである。円とドルのレートが、名目と購買力の両方で示されている。

1990年からのもので、プラザ合意の時点は含まれていない。しかし、急激な円高を一目瞭然に見て取ることができる。グラフの上の線は購買力平価である。購買力平価とは、例えば、同じマクドナルドハンバー

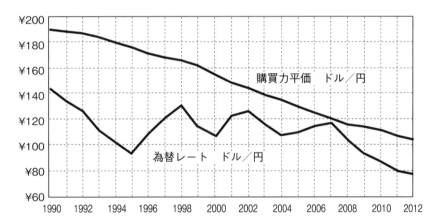

図8-1　為替レートと購買力平価：ドル/円　(http://piketty.pse.ens.fr/capital21c)

ガーが、日本で100円、アメリカでは1ドルで買えたとすると、為替レートは1ドル=100円と計算する。実質的あるいは長期的な為替の傾向として意味のあるレートと言われている。

購買力平価で見ると、一貫して円が上がり続けていることがわかる。これは、長期にわたる不況の影響が大きい。デフレは国内の貨幣価値の上昇を意味する。物価と貨幣価値は逆の関係である。タバコが200円から100円になったら、200円の貨幣の持つ購買力は、タバコ1個から2個に増えたのである。これがデフレを貨幣から見た時の現象である。

グラフを見ると、1995年に1ドル＝約80円まで進んだ円高は、一転して1998年まで円安になる。アメリカが高金利政策に転じ、この時アメリカ・ドルとリンクしていたアジア諸国の通貨が、円に対して切り上げられた。日本の景気は回復し、アジア諸国の輸出は伸び悩み、1997年にタイのバーツが暴落する。タイ、インドネシア、フィリピン、そして韓国、さらにはロシアにまで危機は波及する。この危機はアジアの通貨システムが、円とドルとの間の変動相場制とアジア諸国通貨とドルとの間の実質的な固定相場制という2つの制度を併存させていたことによるものである。

この時の経験は、今とは異なる。円安に振れると同時に、日本の輸出は、1995年に前年比3％、1996年に前年比8％、97年に前年比14％と、大きな伸びを示している。実質GDPの伸び率は、内閣府のデータでは、95年に前年比2.7％、96年に前年比2.7％、そしてアジア通貨危機の勃発した97年に前年比0.1％であった。

1997年から1998年にかけての山一證券や北海道拓殖銀行などの破綻が、再び日本経済を転落させる。しかし、それまでは、円安の効果は、十分に日本経済に波及したのである。もちろん、賃金も1998年をピークに高水準である。今は違う。円安になっても賃金が上がらないし経済も成長しない。日本の実体経済はそれだけ弱っているのである。

1998年から日本は本格的なデフレ不況に入る。デフレは国内通貨価値の上昇なので、ピケティのグラフのように、円の購買力平価は見事に上昇する。グラフの最後、2012年の時点だけで見ると、購買力でのレートが120円で、名目のレートが80円である。円は実勢よりも高く評価されていると読むことができる。

しかし、今回の問題は、1ドル＝80円から1ドル＝120円まで切り下げても、大手輸出企業が儲かっただけで、実質GDPは伸びなかった。つまり、国民全体としては恩恵を受けなかったのである。

通貨の切り下げによる輸出企業の儲けは当たり前である。また、政策としても褒められる政策ではない。大手輸出企業の営業利潤の増大にもかかわらず、国全体としては経済が成長しなかったことの方が深

刻である。2014年度の経済データは、日本の実態経済の危機が重要であることを物語っている。

賃金のトラウマ

もともと変動相場制は、努力して競争力をつけて輸出を増やした国の通貨が上がり、輸出が抑えられる制度であり、競争力をつけた国にペナルティが課される制度である。努力が罰せられるのである。プラザ合意以降の10年間の急激な円高で日本経済が変質したように、変動相場制は成長する国に対して好意的な国際通貨システムではない。

経営努力や生産性の向上のレベルを超えた急激な円高の中で、日本がとった道は2つ。第1に、国内の賃金を下げることである。これによって、国際競争力は回復し、企業は救われる。非正規労働者の増大もこのための手段の1つであった。第2は、海外に生産拠点を移すことである。輸出産業の花形である自動車も、その象徴と言えるトヨタ自動車でも、今では6割は海外での生産である。生産拠点が海外に移れば、国内の雇用は減り、賃金はますます下がる。

1990年代は、グローバリゼーションが本格化した時代である。変動相場制の下で国際競争力を維持するために、国内と海外の両方で低賃金労働へのシフトが行われた。これがグローバリゼーションに対する日本の対応であった。このしわ寄せが勤労者に来た。

図8-2は設備投資の海外と国内の比を示したものである。製造業の設備投資が海外への設備投資になっている傾向が鮮明である。設備投資は景気に直結する行動であるが、国内での設備投資が国内の雇用を増大させ、景気を良くする。これが基本的な効果である。海外への投資は、企業の利潤を増やして間接的に企業の経営をよくするが、それがどのように景気につながるかは不確定である。内部留保が増えるだけならば意味はない。

冷静に見れば、変動相場制に対して日本はあまりにも従順すぎた。プラザ合意（1985）から1995年までに円は対ドルで3倍になった。こ

(注) 海外設備投資率＝海外現地法人設備投資額／（海外現地法人設備投資額＋国内法人設備投資額（資本金1億円以上））

国内法人設備投資額（資本金1億円以上）：法人企業統計（財務省）。

図8-2　日本企業の海外設備投資（経済産業省経済解析室　平成27年3月
http://www.meti.go.jp/statistics/toppage/report/minikeizai/pdf/h2amini014j.pdf）

の円高も異常だが、これを受け入れる方もどうかしている。

　ヨーロッパは、さまざまな試みによって変動相場制に抵抗していた。ヨーロッパの域内での固定相場制を維持するための不断の模索を続けていた。変動相場制はヨーロッパにとってよい制度だとは思っていなかったのである。

　これに対し日本は、変動相場制の悪い面を全部引き受けた。結局、急激な円高の中で、賃金の切り下げと生産拠点の海外移転しか道がなくなってしまった。今でも、経営者は賃金を上げれば、国際競争力が落ちるというトラウマに陥っている。巨額の営業余剰を抱えて、賃金も上げず、設備投資もしない。自滅の道を歩んでいるようだ。

　中国は、日本の失敗を教訓としているように見える。世界中から非

難されても、人民元のレートを本気で自由化することはしない。徹底した国家の管理の下に置いている。バブルに対する対策も、日本のように拙速なものではない。漸進主義でゆっくり対応している。

危機の最大要因は国債

　日本経済の最大の問題は、財政問題である。破綻はどこからでも生じる。一時期噂されてたのは、BIS（国際決済銀行）のバーゼル委員会が国債をリスク資産にするのではないか、ということであった。

　BISは国際的な金融危機を回避するために、さまざまな制度を作る。これまで国債は、安心なリスクのない資産として扱われてきた。銀行も国債を持つことで、経営の安定性の指標となってきた。国債がリスク資産として考えられると、どの国の国債を持つかで、経営の安定性に対する評価が変わってくる。日本の国債がどう評価されるか、大きな問題になりかねなかったのである。

　国債の暴落のきっかけは何でもいい。日本の財政赤字が巨額で、まっとうな手段では解決する見込がないこと、この現実が変わらない限り、国債が暴落する理由は何でもありである。戦争でも災害でも、同じである。仮にアベノミクスが成功して物価が上がった場合には、金利も上がる。これも、国家財政の破綻の要素である。

　財政問題は2つある。約1000兆円の累積債務そのものと、100兆円を超える財政規模を持つ予算の半分しか税収がないという実情である。戦争をしているわけではない、通常の国家財政が赤字を累積させている。この異常な予算編成を直さない限り、約1000兆円の借金が消えても、また同じことを繰り返すだけである。

　財政の破綻とこれに伴う経済の混乱の時は、必ずやってくる。この間の経緯からすると、この問題を自覚して、日本が自ら解決することは、むしろないように思える。破綻によって目を覚ますことの方が現実的である。

　ピケティは、日本の経済成長を1人当たり国民所得で1.5％と推測

している。これまでの低成長と今後の人口減少が予想される日本では、この経済成長率はさらに低くなる。これを前提にすると、まっとうな手段では財政問題の解決は無理である。神風が吹いて日本が資源大国になったり、2桁インフレが10年続いたりすることは期待できない。

筆者は、リカードウの200年前の著作をもとに、日本銀行の国有化を提案したことがある。日本銀行が、政府から独立した株式会社であり、これを中国の人民銀行のように、国有銀行に切り替えるということである。日本銀行が保有している分の国債は、日本銀行の国有化によって相殺されるし、今のように国債を日本銀行が買い増している状態では、相殺される額はどんどん増える。徳政令を穏便に実行する方法の1つである。

中央銀行は、本来は、時の政府の政策に影響されることなく、長期的な視野から貨幣の価値の安定を図ることが期待されている。これは中央銀行の独立性の意義である。中国人民銀行は、行政の最高機関である国務院の指導の下にあり、人民銀行の独立性は国務院以外の機関に対する独立性にとどまる。つまり政府の機関の1つにすぎない。

これまで中央銀行の独立性は、崇高な理念であった。しかし、リーマン・ショック以降の金融危機への対応は、世界的にも、政府と中央銀行が一体となって行っている。日本も例外ではない。

とはいえ、非常手段として日本銀行国有化策を取ったとしても、予算編成を変えない限り、また同じことを繰り返す。

為政者（statesmen）

200年以上前に戻る。リカードウはイングランド銀行ではなく、国立銀行を作って、貨幣を国家管理にし、「賢人（Commissioners）」に通貨の管理を任せることを説く。リカードウのこの発案には、ジェームズ・ステュアートの不換紙幣論が重要な役割を果たしている。

ジェームズ・ステュアートは、貴金属貨幣の価値よりも安定した不換紙幣システムを唱えた。リカードウの研究ノートにはジェームズ・

ステュアートが登場する。リカードウは、貴金属貨幣の貨幣数量説は断念したが、紙幣については貨幣数量説を信じていた。金本位制を前提に、紙幣が実質的な貨幣となる制度を模索していた。ステュアートは海の中の岩のように安定した価値を持つ貨幣を望んだが、リカードウは、貨幣の発行を信頼にたる少数の人物に任せれば可能と考えたのである。夢物語のような話である。

誤解のないように補足すると、ジェームズ・ステュアートは、貨幣の増加と需要の増加は別で、貨幣数量説は一般的には成り立たないとした。貨幣量の調節に関しては必要流通手段量説に傾いていた。両者の結論は逆である。

ステュアートにとって、商品経済の下では、人々は利己心で生きる。しかし、人々が利己心に従って生きたら社会はまとまるのか。アダム・スミスは、「見えざる手」が利己心で生きる人々を社会的な調和に導いてくれると説いていた。しかし、ステュアートには、「見えざる手」の思想はない。「為政者(statesman)」がこの役割を果たす。為政者とは、人々が利己心で生きるときに、利己心を持たずに全体のために生きる存在であり、同時代の政治経済に精通した人間である。

私事ではあるが、イギリス・スコットランドのエジンバラ大学の図書館で、ステュアートの貨幣論の草稿を読んだことがある。バリントンという人物に宛てた手紙である。バリントンは、当時の大蔵大臣の経験者に比定される。自覚した為政者を求めていたのである。

日本は、現実を直視せず、自分をごまかすことに慣れてしまったようだ。今となってはむしろ、破綻によって目を覚まし、そこから再建する方が現実的である。破綻と再建のシナリオを描き切る為政者の登場に期待するしかない。

終章 我亡き後に洪水は来たれ

日本経済──その繁栄と衰退

　60年時を戻せば、戦後日本の神話が始まる。壊滅的な敗戦からの奇跡の高度成長を起点とし、欧米経済が低迷する中で、第2次オイルショックを減量経営によって堅実に乗り切り、80年代後半のバブル期を頂点とする日本経済の繁栄は、世界の耳目を集めた。

　「バブル」は、泡であり、本来は実体のない繁栄を意味する。100円のチューリップの球根が100万円になったとしても、富が1万倍になったわけではない。土地や株の価格が3倍や4倍になったとしても、同じことであり意味はない。これがバブルである。

　しかし、1980年代後半の「バブル」は好景気を伴っていた。なによりも旺盛な設備投資があり、賃金も上昇し、そしてGDPも上昇した。今の日本経済とは全く異なる。80年代に与えられていた日本経済に対する称号「ジャパン・アズ・ナンバーワン」は、あながち過大評価ではなかったのである。

　1990年のバブルの崩壊に始まる日本経済の転落は、むしろ不可解なものとして受け止められていた。この不思議さは日本だけがつまずいていたことにある。アメリカは東西冷戦に勝利し、世界に対する一国支配を確立し、唯一の超大国の地位を得たことに高揚していた。第2次世界大戦でイギリスを抜き、東西冷戦でソビエト連邦に勝ったのである。真のパックス・アメリカーナの到来であった。

　他方、欧州は単一通貨ユーロの導入に沸いていた。アジア諸国も次々と高度成長に入っていた。資本主義の勝利は決定的であった。中国の

脅威はまだ現実のものとはなっていなかった。つまり資本主義世界が政治的な勝利を享受し、繁栄を謳歌する中で、日本だけが転けたのである。

バブルは1990年に崩壊する。しかし、40年以上続いた成長と繁栄の中で、転落を自覚することは難しい。事実、1990年代の半ばには、経済はやや持ち直し、低迷はバブル崩壊後の一時的な現象であったと受け止められた時期もあった。しかしながら、1997年に始まる金融機関の連鎖的な倒産以降、日本経済は泥沼の不況へと突入していく。

バブル崩壊から25年、本格的な不況に突入してからも20年近くになる。余りにも長い。絶望的な財政赤字と国内の貧富の格差の拡大、そして先進国にも希な低成長が続いている。これはもはや景気循環の問題ではない。構造的な停滞の問題である。

資本主義は利潤の獲得を目指して経済が動く。その合計は国民所得（GDP）の合計として現れる。GDPのゼロ成長は、本来は資本主義の精神に反するのである。

日本は成長の止まった国である。利潤の増大が資本主義の目的であるとすれば、経済成長は投資における重要な指標である。成長の見込めない日本経済は、資本主義としては魅力のない国である。

マルクスの描いていた資本主義は、成長し続ける資本主義である。その成長は常に生産性の向上を伴っている。生産性の向上は新しいすぐれた機械の採用によってもたらされる。つまり、投資がなければ生産性は向上しない。しかし、不況の中で、大企業は膨大な経営余剰を抱えながら投資をしない。マルクスが正しいとすれば、投資の低迷した日本では生産性は向上しない。生産性の向上しない国は衰退する。

人口論へのコメント

日本の低成長の原因の1つとして、少子化による人口の低下が挙げられることが多い。確かに、人口が減った分は、消費需要が減る。しかし、それは個人を貧しくするわけではないが、経済的影響も小さく、

極めて緩やかである。まして、今はグローバリゼーションの時代である。資本主義としての力があれば、国内の需要の緩やかな減少は世界市場でカバーできる。

　また、労働人口が減って、生産に支障を来たしているわけでもない。確かに労働人口が減れば、国民所得は低下する。しかし、労働人口が足りないかどうかは、投下される資本との関係で決まる問題である。自然現象としての人口問題ではなく、賃金や失業率に反映される社会的な人口問題である。この点は消費需要とは異なる。

　労働人口の低下は賃金の上昇となって現れる。しかし、現在の日本では、非正規雇用が増大し、正規雇用が減少している。賃金は総額として全く増えていない。むしろ低迷している。増えているのは低賃金労働に対する需要だけである。

　2015年2月の時点での失業率は3.5％。完全雇用に近い状態にある。しかし、有効求人倍率は非正規雇用に対して1.15倍であるが、正規雇用に対しては、0.70倍である（総務省「労働力調査」、厚生労働省「職業安定業務統計」）。低賃金の非正規雇用への求人が、失業率の改善に寄与しているのである。ゆがんだ形での失業率の減少である。

　したがって、人口の減少が日本経済の大きな問題だ、というのは言い訳である。人口の減少は日本経済の問題になっていない。むしろ不況が低賃金労働を労働者に強いることで、人口の減少問題を表面化しないようにしてくれているのである。景気がよければ、人口問題は賃金の上昇圧力を強める。不況下の人口減少問題は、経営の視点からは、むしろ恩恵である。

投資の停滞へのコメント

　戦後の日本を代表する経済学者である宇野弘蔵は、『経済原論』(1964、2016復刊) の中で、資本家は不況期の低価格に迫られて、新しい技術を導入した資本投下を行う、と説く。マルクスの恐慌論を景気循環論の中に組み込み、この設備投資が好景気への転換点となり、次

の景気循環を作り出すことを説く。

　宇野弘蔵の『経済原論』は、19世紀のイギリスをイメージして描かれた資本主義の原理であり、現実の資本主義とも今の資本主義とも異なる。しかし、本来は、資本主義はこうあるべきであろう。

　現在の日本資本主義は投資をしない。長期にわたる不況の特徴は、賃金の低下と設備投資の低迷である。特に、国内への設備投資が低迷している。設備投資の低迷は、技術革新と新製品の開発の停滞を意味する。新しいすぐれた技術があっても、投資がなければ現実のものとはならない。投資の低迷した国で、生産性が上がることも、成長することも無理である。

　しかし、設備投資を行なわなくても利潤を上げることはできる。投資をしないで利潤を上げる方法は、賃金を下げることである。正規の労働者の賃金の切り下げに制度的な制約があるとすれば、正規雇用に対する非正規雇用の割合を増やすことである。非正規雇用の増大は、企業にとっては賃金コストの低下を意味し、労働者にとっては生活水準の低下を意味する。

　しかし、賃金の低下よりも、深刻な問題がある。それは資本主義の最も粗野な側面、すなわち労働の強化による利潤の確保である。

工場法以前！

　現在、景気が長期にわたって低迷する中で、日本の労働者の置かれている状態は、劣悪なものになっている。低賃金のもとでの長時間労働と過酷な労働条件が常態化しているのである。

　景気の悪い時に、労働時間が長時間になるのは、奇妙な事態であると思われるかもしれない。景気の悪い時は、仕事が減るのだから、賃金も労働時間も減ると考えられるからである。しかし、少ない労働者により多く働かせるのも、不況期の資本家の対応の1つである。

　マルクスは『資本論』の中で次のように言う。

　「景気が悪い時に何らかの過度労働が行われているというのは矛

盾していると思われるかもしれないが、しかしこの景気の悪さが無法な人々を違法に駆り立てる。」(マルクス『資本論』、第2分冊、410頁)

　日本の労働者が置かれている状況は、悲惨である。過労死やブラック企業の問題が、メディアを騒がせている。労働者の本当の労働時間は、統計では分からない。過労死が問題となり、裁判が始まってやっと真実が見え始める。会社の退社時間は、本当の退社時間とは異なり、表向きの虚偽の退社時間であることが多い。過労死裁判では、パソコンで最後に送られたメールなどによって、本当の退社時間を推定したりする。

　超過勤務手当のつかないサービス残業や、自宅に持ち帰っての仕事、残業手当がつかない「名ばかり管理職」など、隠微な形での労働強化は深刻な社会問題となっている。裁判を通して見えてくるのは、超過勤務が月100時間、場合によって200時間を超える事例である。

　19世紀のイギリスでは、資本主義の確立とともに、子供や婦人の労働者が増加し、かつ長時間労働が横行した。イギリスでは段階的に工場法を整備して、長時間労働の問題に対応した。もちろん日本にも労働基準法があり、労働者は法律的には保護されている。しかし、現実は、工場法以前としか言いようのない事態となっているのである。

　バブル崩壊後、毎年約3万人自殺し、そのうち約2500人は、勤務上の問題が原因で自殺しているという (川人 [2014])。

資本家と労働者

　『資本論』の描き出す「搾取」の論理は、多面的である。理性的な資本家もいれば凶暴な資本家もいる。剰余価値論は、自由と平等の市場を前提とした資本家による剰余の取得の論理である。ここにいるのは理性的な資本家であり、マルクスの理論の基本である。既に論じたことではあるが、要点は以下のようなものである。

　人間はもともと1日働けば1日の生活資料と同時に剰余を生産する

ことができる。剰余の労働時間や生産物は、社会全体のために使われてもいいし、王様や封建領主のために使われてもいい。これを資本主義経済では利潤として資本家が取得する。

　資本家は、労働者の生活必需品を買い戻すことができる分の賃金を労働者に与える。この生活必需品によって労働者は1日の生活を行い、労働力を回復させる。この点で、賃金は労働力の価値と等価であると考えられる。労働市場における自由と平等のシステムの中で、資本家と労働者が対等に向き合って労働力という商品を売買するのである。もちろん、通常の商品の売買とは異なる。賃金契約を売買になぞらえるのである。

　この関係は、市場の原理あるいは市場の思想を前提にすれば不正ではない。資本家が余剰を生産することが「搾取」と呼ばれるのは、生産物を生産し同時に価値を生産するのは労働者である、ということにもとづく。剰余労働時間や剰余生産物は、社会全体に帰すべきであるという視点に立った場合に、「搾取」という言葉で資本家による剰余の取得が、批判的に表現されるのである。思想的な表現を止めれば、これは剰余理論である。

　剰余価値を利潤として取得することが資本の目的であるとすると、その増大の方法は2つある。マルクスの言葉を使えば、絶対的剰余価値の生産と相対的剰余価値の生産である。絶対的剰余価値の生産は、資本家が労働者の労働時間を延長することによって利潤の増大を図る方法である。そして相対的剰余価値の生産は、生産性の向上によって生活資料の価値が低下し、実質賃金が同一で名目賃金が下がることによる剰余価値の増大である。

　この2つの方法は、密接に絡み合う。資本主義経済の下での生産性の上昇は、基本的には機械の改良によってなされる。機械制大工業こそが、相対的剰余価値の生産の基礎となる。しかし、同時に機械制大工業が絶対的剰余価値の生産を行いやすくする。機械制大工業の発達によって、労働が単純化し、労働者が機械に従属する状況が生まれる。労働という活動において、人間と機械の主客が転倒する。

機械制大工業の下では、かつてのように職人が長期間の徒弟制度によって身に付けた技術が不要になり、誰もが工業製品の生産に携わることができるようになる。機械の採用に伴う労働の単純化は、子供の労働や婦人労働の参入を可能にする。このため、賃金の低下や、長時間労働がやりやすくなるのである。

工場法は、教育条項を含むことによって、義務教育を普及させる。しかし、その実態は想像を超える。『資本論』の引用する報告書の中には、自分の名前のスペルさえ怪しげな教員の例が挙げられている。しかし、それでもマルクスは工場法の教育条項を高く評価する。19世紀の教育は、識字が大きな意味を持っていたからである。

現在の労働の多くは、19世紀のような単純労働ではない。しかし、高等教育機関が発達した現在では、19世紀と同じような問題を生じている。大量の技術者や専門家を供給できる今日では、少々の専門性は、労働者の地位を保証しないのである。19世紀に子供の労働が成人男子の労働を圧迫したように、高等教育機関の卒業生は大量に存在し、誰でも代わりはいるのである。

また、単純な労働だから苦痛であり、専門性が高い労働だから創造的で自己実現的であるというわけではない。マルクスの『経済学哲学手稿』(1844)の説く疎外労働は、労働の成果が自分のものにならないこと、つまり労働の成果を労働者が享受できないことが疎外労働の基本である。楽しければ低賃金でも過酷な労働条件でもいいというわけではない。

労働日をめぐる闘争

ところで、『資本論』における資本家と労働者の関係は、剰余価値率 m/v で表される。m を利潤、v を賃金と考えれば、利潤と賃金の比が資本家と労働者の関係を示す。利潤が増えれば賃金が低下し、賃金が増えれば利潤が減る。したがって、資本家と労働者の階級闘争は、賃金と利潤をめぐって行われる、と考えられる。日本で言えば春闘の

賃上げが、労働者の資本家に対する闘争に当たる。

　資本家による労働者の「搾取」が、労働時間や労働条件の劣悪化に向かった時、資本主義は経済原則を自ら破壊し、人類の生存そのものを脅かす。市場の原理に照らして自由と平等の合理性を貫くはずの資本主義が、自ら一線を踏み外すのである。この時、市場は資本主義に歯止めをかけることはできない。社会、あるいは国家が理性的に振る舞うことができるかどうか、それだけが鍵となる。この問題について『資本論』の説くところを聞いてみよう。

　『資本論』では、労働者の資本家に対する階級闘争を賃金の問題としてはとらえていない。『資本論』の説く階級闘争は、「労働日をめぐる闘争」である。ここで「労働日」とは労働時間のことである。そしてその帰結は、標準労働日（労働時間）の設定であり、工場法の改正による10時間労働法の成立にある。

　マルクスの結論は、「標準労働日の確立は、資本家と労働者との間の数世紀にわたる闘争の結果である」（同前466頁）、ということにある。

　労働者がどのように闘ったのかは、『資本論』からは必ずしも明らかではない。確かに、『資本論』では、労働者の集会なども紹介されているが、マルクスの言う「闘い」の具体的な内容は、19世紀半ばのチャーチスト運動と10時間法運動であった（同前490頁）と考えられる。こうした運動を踏まえて、国家のレベルでの判断が最終的に標準労働日の制定に向かったものと思われる。

　労働者を保護する工場法は、1833年に本格的な内容をもって制定され、子供の労働時間が制限された。9歳から13歳までの児童の労働時間は1日8時間に制限され、13歳から18歳までの少年の労働時間は12時間に制限された。1844年の工場法では、婦人労働も保護の対象となる。

　マルクスは、チャーチスト運動の最盛期の1844〜1847年の間は、12時間労働が厳格に施行された、と言う（同前489頁）。ただし、使用可能な子供の年齢は9歳から8歳に引き下げられた。

　1850年の工場法では成人労働も法的に規制されるようになった。

工場法による労働時間についてのマルクスの紹介を引用する。

「現在（1867年…マルクス）も効力を持っている1850年の工場法は、週日（1週間のうち日曜日を除く平日…マルクス）平均で10時間（の労働…訳者）を許している。すなわち、はじめの5日については朝の6時から晩の6時までの12時間であるが、そのうち30分が朝食のために、1時間が昼食のために法律によって差し引かれ、したがって残るのは10時間30分である。土曜日については朝6時から午後2時までの8時間であり、そのうち30分は朝食のために差し引かれる。」（同前407頁）

食事の時間を除くと、週60時間労働である。『資本論』は、資本家が朝食時間などをどのようにごまかして実質の労働時間を延ばすかについて、裁判の事例も含めてこと細かく紹介している。

『資本論』は、工場法の設立をめぐる資本家の抵抗と工場法を逃れるさまざまな事例を紹介している。資本家の側には、労働時間を規制して労働者を保護するという動機は生じないのである。

長時間労働は、現実にはすさまじいものであったようである。1863年にロンドンの新聞の報じた事例として紹介されているケースでは、婦人服仕立女工たちが平均16時間半の労働を行い、かつ30時間休みなしに働くこともあり、20歳のひとりの女工が超過労働の故に死亡したという（同前435頁）。17世紀の羊毛工業地帯では、6歳の子供が使用され、オランダでは救貧院で4歳の子供が就業していた（同前471頁）という。

資本家は工場法を何とか形骸化しようとする。『資本論』におけるマルクスは、『工場監督官報告書』を使用して、次のような事例を紹介する。

すなわち、工場法では13歳未満の児童の労働時間の制限は6時間であり、かつ13歳以上かどうかは、証明資格のある医師が認定していた。このため、工場で雇われている13歳未満の児童数が飛躍的に減少した。工場監督官は、これは医師の仕業であると、証言している（同前、第3分冊685頁）、と。資本家と医師が組んで子供の年齢をごまかし、

工場法から逃れたのであろう。

　また、子供たちは両親に売られる、という。マルクスは『児童労働調査委員会、第5次報告書』(1866)によって、「イギリスでは今なお、女たちが『子供たちを"労役場"から連れ出して週2シリング6ペンスでどんな買い手でも彼らを賃貸する』」(同前685-686頁)、と指摘する。

　労働に従事する児童の保護は、工場主からの保護という意味だけではなく、親からの児童の保護の意味もあったのである（同前842頁）。さらには幼児殺し、児童への阿片の供与も指摘されている(同前689頁)。社会的な退廃現象である。

　子供や婦人の労働は発育不全や家庭の崩壊をもたらし、長時間労働によって労働者の肉体は衰弱する。これは人類の衰退につながる。しかし、資本家の本性の中には、人類の衰退に対する責任感はない。資本家の本性は、「我亡き後に大洪水は来たれ！」(同前、第2分冊464頁)、である。「洪水」とは、聖書に描かれたノアの箱舟の大洪水である。ノアの家族と箱舟に乗った動植物だけが生き延びた大洪水である。人類絶滅の伝説である。『資本論』は次のように言う。

　　「それゆえ資本は、社会によって強制されるのでなければ、労働
　　者の健康と寿命に対し、何の顧慮も払わない。」(同前)

　つまり、資本家が労働者を搾取して賃金を減らしたために、種族としての労働者が絶滅するという話ではない。マルクスは賃金ではなく、労働時間の延長による社会的な被害を問題にしている。労働時間の延長が人間の生理的な限界に到達して人類が滅んでも、利潤を求める資本家の精神は、「我亡き後に洪水は来たれ」である、と言っているのである。

労働時間の原理

　『資本論』の描き出す労働時間の問題は、労働時間には原則らしい原則がない、ということである。つまり労働者は規制がなければどこまでも長時間労働を強いられる。資本家は、労働者を規制する法律を

何とか逃れようとする。

　マルクスの時代には、普通選挙制度は確立していない。労働者の政党は存在しなかった。しかし、議会は労働者も含むさまざまな階層からなる社会運動を背景に工場法を設立していく。工場法は資本家の意に反して資本家を規制するものであった。国家全体としての共同体意識の問題であったと言える。労働時間や労働強度、労働者保護の問題は、国家の意思がなければ解決しない問題であった。
マルクスは言う。

　　「労働者階級の肉体的および精神的な保護手段として工場法の一
　　般化が不可避になる。」（同前、第3分冊864頁）

　マルクスは、労働者の闘いも重要ではあったが、最終的には、立法府の判断が工場法を制定し改善させたことを指摘しているのである。『資本論』の「労働日をめぐる闘争」の論理は、今、再び重要な意味を持ち始めたと言える。

労働者の展望

　労働時間や労働条件をめぐる問題は、経済学の原理的なアプローチから漏れる問題を含んでいる。労働力の所有者である労働者は、物ではなく人間である。労働力は労働者と一体となっており、労働力の支出である労働の時間や強度の幅は大きい。このため、資本主義の経済的な法則の枠外で取り扱わなければならない問題が多いのである。経済学だけでは分析できない問題と言える。

　宇野弘蔵は、『経済原論』（上1950、下1952、合本1977）、いわゆる『旧原論』において、労働時間は、「一般的社会的には結局、工場法等によって制限せざるを得ない」（114頁）、それは、労働力という商品は「個々の資本家にとっては、その社会的結果を忘却せしめるに充分な利潤の源泉をなすもの」（同前）だからである、と言う。

　現在、わが国では、長時間労働による過労死やブラック企業の劣悪な勤務体制が社会問題となっている。ほとんど「工場法以前」の状態

としか思えない。企業は、日本経済の長期低迷と激化する国際競争の中で、徹底したコスト削減や人員整理を行っている。『資本論』の資本家がより多くを儲けたいという欲望の虜であるとすると、今のわが国の企業は、生き残りをかけて労働者への締め付けを強めている。

わが国では、労働者の転職は一般的には労働者にとって不利である。また失業率が改善しても非正規雇用が増大する中では、簡単に転職を決意することはできない。劣悪な職場環境に耐えるしかない状況にある。

『資本論』では、「労働日をめぐる闘争」が成果をもたらすのは、やや単純化して言えば、労働者の闘争と立法府の意志だと説いている。そうであるとすると、わが国における現在の労働問題の解決は難しい。

マルクスの時代と比べて現在の最大の特徴は、普通選挙制度が確立していることである。しかし、わが国にはヨーロッパのような明確な形で労働者を代表する政党はない。また労働組合の組織率も低く力も弱い。

あるいはこうした状況下だからこそ、わが国の「工場法以前」的労働問題が醸成されたと言えるかもしれない。

あとがき

　イギリス・スコットランドの首都エジンバラは、街自体がユネスコの世界遺産である。その市街地にあるロイヤルマイルは、エジンバラ城とホーリールード宮殿を結ぶ観光名所であり、通りの中ほどにデイビッド・ヒュームの像が建っている。ヒュームの像をなだらかに下るとアダム・スミスの像がある。スミスの像は近年建てられたものである。さらに道を下ると、スミスの家パンミューレ・ハウスがあり、現在も使われている。夜には明かりがついている。さらに下るとスミスの墓がある。ヒュームの墓はエジンバラの少し離れたところにある。

　ヒュームは、世界史に冠たる哲学者であり、スミスは「経済学の父」である。2人は親友であり、スミスの『国富論』の原稿は、1773年にヒュームがロンドンの出版社まで持って行っている。スミスは、病気と死の恐れを抱いて生きていたようだが、1776年の『国富論』の出版年は、ヒュームの他界した年でもある。

　アベノミクスの第一の矢は貨幣数量説に依拠する。その起源は旧いが、明確な形になったのは、三権分立を説いたフランスのモンテスキューや、イギリスの名誉革命の思想的基礎と言われるジョン・ロック、そして哲学の巨匠ヒュームによる。その理論は、貨幣を富ではなく、交換の道具とみなすことによって形成された。金や銀を富とみなす重商主義の経済思想の一大転換であった。

　経済学の父アダム・スミスも、なぜかその一員と見られることが少なくない。しかし、誤解である。スミスは、『国富論』では、理論的にも実証的にも、貨幣数量説を繰り返し批判している。スミスは親友ヒュームの学説を採用しないばかりでなく、批判していたのである。スミスもまたヒューム同様、金や銀の貨幣を富とみなす重商主義を『国富論』の中で批判している。スミスも貨幣は道具と考えていた。しかし、ヒュームの貨幣数量説は批判したのである。

　スミスは、貨幣量の方が商品の量や価格によって調整されると考える。この考え方が継承され、マルクスによって明確な形をとる。

貨幣数量説は、市場での自由競争を保障するものとして現代に復活し、主流学説となっている。とりわけ今は多くの先進国が財政の赤字に苦しみ、経済政策としては積極的な財政政策をとることができない。国にとって費用のかからない金融政策は、逃げ場なのである。しかし、市場の自由は格差の拡大をもたらし、先進国の経済は押しなべて行き詰まりを見せている。ピケティがマルクスを連れて登場した土台もここにある。

　ピケティとマルクスは、貧困と格差の問題に関して豊富な分析ツールを提供してくれた。日本経済の現状は暗く、うまい話は何もない。その中で、景気は緩やかな回復基調にある、という政府や日本銀行の公式見解が続いている。しかし、賃金も国民所得も低迷する中で、この公式見解を経済学の授業で紹介するのは酷である。官製相場とさえ揶揄される株高もいつ崩壊するか分からない。もともと実体経済が悪いのである。格差と財政問題と低い成長率、これが日本を覆っている。ピケティの格差論は、日本の場合には、事情が異なる。日本の格差は貧困化のもたらした格差であり、より絶望的である。そして何よりも深刻なのは財政危機である。日本は崩壊の危機にある。もはやまっとうな手段では解決は不可能である。原因は何であれ国債が暴落すれば、日本の財政も経済も破綻する。また、財政の赤字は、経済政策を著しく制限する。財政出動は赤字を増大させ、ますます自分の首を絞める。財政政策が制限されるなかでの成長政策は困難である。企業も長期の不況の中で投資意欲をなくしている。結果、日本の経済成長率は、世界から取り残されるほど低い。国家の衰退を思わせる状況である。

　嫌なことから目を背けても、崩壊の危機はもうすぐそこまで来ている。現実は小手先で解決できるようなものではない。この現実に目を向ける必要がある。むしろ破綻した方が再生可能という本書の結論は、破綻しなければ誰も現実を直視しないように思えるからである。

　本書の出版はひとえに社会評論社松田健二社長のご厚意による。原稿を読み終えた後の「うちで出しましょう」のひと言が心に残る。深く感謝申し上げたい。

参考文献

翻訳書

コロンブス（クリストーバル・コロン…通称コロンブス）『コロンブス航海日誌』、林家永吉訳、岩波文庫、1977 年。
ステュアート（ジェームズ・ステュアート）『経済の原理』、小林昇監訳、名古屋大学出版会、上巻（第 1・2 編）、1998 年、下巻（第 3・4・5 編）、1993 年。
スミス（アダム・スミス）『国富論』、水田洋監訳、岩波文庫、2001 年。
ピケティ（トマ・ピケティ）『21 世紀の資本』、山形浩生・守岡桜・森本正史訳、みすず書房、2014 年。
　　　　『新・資本論』、日経 BP 社、2015 年。
ヒューム（デイビット・ヒューム）『経済論集』、田中敏弘訳、東京大学出版会、1967 年。
マルクス（カール・マルクス）『資本論』、社会科学研究所監修・資本論翻訳委員会訳、新日本出版社、1982 年。
　　　　『経済学・哲学草稿』、城塚登・田中吉六訳、岩波文庫、1964 年。
ミル（J.S. ミル）『経済学原理』、末永茂喜訳、岩波書店、1959-1963 年。
モンテスキュー（シャルル・ド・モンテスキュー）『法の精神』、野田良之他訳、岩波文庫、上、中、下、1989 年。
リカードウ（デイヴィッド・リカードウ）『経済学および課税の原理』、『リカードウ全集』第 1 巻、末永茂喜監訳、雄松堂、1970 年。
レーニン（ウラジーミル・イリイッチ・レーニン）『帝国主義』、宇高基輔訳、岩波文庫、1956 年。
ロック（ジョン・ロック）『利子・貨幣論』、田中正司・竹本洋訳、東京大学出版会、1978 年。

日本語文献

石塚良次「資本とは何か―トマ・ピケティ『21 世紀の資本』を読む」、『専修大学社会科学研究所月報』、2015 年 3 月。
伊東光晴「誤読・誤謬・エトセトラ」、『世界』、2015 年 3 月号、岩波書店。
宇野弘蔵『経済原論』、岩波全書、岩波全書、1970 年。（初版、1964、『新原論』）
　　　　『経済原論』、岩波書店、1977 年（1950 上巻、1952 下巻の合本改訂、『旧原論』）
奥山忠信『貨幣理論の現代的課題―国際通貨の現状と展望』、社会評論社、2013 年。
松元崇『リスク・オン経済の衝撃』、日本経済新聞出版社、2014 年。

欧米文献

Harvey, David, 'Afterthoughts on Piketty's Capital in the Twenty-First Century', *Reading Marx's Capital with David Harvey*(http://davidharvey.org)
Rowthorn, Robert, A note on Piketty's Capital in the Twenty First Century, Cambridge Journal of Economics 2014, 38, 1275-1284.

http://www.globalnote.jp
http://piketty.pse.ens.fr/capital21c
http://topincomes.parisschoolofeconomics.eu

索引

人 名

宇野弘蔵　*134, 135, 142, 146*
クズネッツ　*13*
ケインズ　*85, 101, 106, 107*
ジェームズ・ステュアート　*104, 130, 131, 146*
スミス　*34, 35, 46, 49, 58, 97, 98, 101-104, 144, 146*
ピケティ　*7-16, 19-42, 44-50, 52, 54, 55, 61-78, 81, 84-87, 89, 90, 108, 115, 118-121, 125, 126, 129, 145, 146*
ヒューム　*96, 98, 99, 101, 102, 144, 146*
フィッシャー　*100, 101*
フリードマン　*84-86, 91, 92, 101, 119, 123*
マーシャル　*59, 100, 101*
マルクス　*7-10, 29, 30, 33, 35, 36, 38, 39, 43-61, 78, 81-86, 89, 97, 104-106, 117, 120, 122, 133-146*
J.S.ミル　*102-104, 146*
モンテスキュー　*96, 144, 146*
リカードウ　*34-36, 46, 58, 101-103, 130, 131, 146*
レーニン　*33, 49, 50, 146*
ロック　*97, 98, 144, 146*

著 書

『21世紀の資本』　*7, 9-11, 14, 22, 25, 32, 37, 44-47, 65, 146*
『共産党宣言』　*56*
『経済学および課税の原理』　*103, 146*
『経済原論』　*134, 135, 142, 146*
『経済学哲学手稿』　*138*
『経済学批判』　*44*
『国富論』　*34, 49, 102, 104, 144, 146*
『資本論』　*7, 29, 30, 44, 45, 47, 49, 51, 54, 56, 57, 61, 82, 86, 135, 136, 138-143, 146*
『新・資本論』　*45, 62, 64, 65, 84, 85, 89, 146*
『フォイエルバッハに関するテーゼ』　*56*

事項格差社会

G-W-G'　*51, 52*
MV=PT　*100, 101*
r＞g　*24, 27-30, 32, 33, 36, 37, 85*
U字型曲線　*11, 18*
$α = r × β$　*48*
$β = s/g$　*40, 41, 48, 70, 72*
アジア通貨危機　*124, 126*
アベノミクス　*8, 62, 64, 65, 69, 72, 78-80, 84-90, 101, 104,*

129, 144
為政者　130, 131
命がけの飛躍　83, 84, 118
イングランド銀行　93, 130
オイルショック　76, 116, 125, 132
億万長者　20, 21
外貨準備　107, 123, 124
階級関係　8, 33, 36, 46
階級社会　10
過少消費説　83, 117
過剰生産説　83
価値　35, 49, 51-55, 58-61
価値尺度　104, 105
紙幣　88, 91, 94, 95, 103, 105, 106, 131
貨幣現象　119
貨幣錯覚　98, 119
貨幣数量説　84, 85, 87, 91, 93, 95-105, 119, 131, 144, 145
貨幣蓄蔵　106
貨幣発行益　93
貨幣量　8, 84-90, 97-102, 104, 105, 131, 144
可変資本　36, 52, 53
過労死　136, 142
完全雇用と福祉　10, 12, 85, 134
機械制大工業　34, 49, 51, 137, 138
規制緩和　79, 87
キャピタルゲイン　75, 76, 78, 80, 81
窮乏化法則　55
教育条項　138
供給曲線　59
恐慌　8, 9, 33, 43, 50, 64, 82-84, 86, 92, 94, 117, 122

金　91-99, 102, 103, 105-107, 123, 124, 144
金本位制　92-94, 106, 131
景気循環　43, 82, 83, 133-135
限界効用逓減の法則　58
限界理論　59
ケンブリッジ方程式　100
交換方程式　100, 101
工場法　135, 136, 138-143
国際通貨　93-95, 106, 107, 123, 127, 146
国際通貨体制　94
固定資本　50, 60
固定相場制　124, 126, 128
古典派経済学　57-59, 98
最高所得税率　23
財政赤字　64, 66, 87, 118, 129, 133
再生産　27, 81, 83
財政問題　62-64, 67, 129, 130, 145
搾取　9, 51, 53, 57, 83, 120, 122, 136, 137, 139, 141
産業資本家　52
産業予備軍　55
３大階級　34, 35, 86
三位一体　57
自殺　136
資産家　14, 22, 46, 65, 67, 81
実質賃金　8, 54, 55, 69, 81, 119, 137
ジニ係数　15, 17, 18, 78, 79, 111
支配労働　102
支払手段　106
資本　14, 17, 19, 26, 44, 51-52
資本家　7-9, 13, 14, 27-29, 33-37, 39, 42, 43, 45-47, 49, 50,

52-55, 57, 60, 65, 69, 80-83, 86120, 122, 134-143
資本過剰説　83
資本／所得比　35-41, 46, 48, 72, 73
資本税　24-26, 66
資本の有機的構成　53
自由　7, 10, 13, 51, 53, 57, 136, 137, 139, 145
重商主義　33, 95-98, 144
需要曲線　59
上位10％　11-13, 15-19, 37, 38, 75, 76, 115, 120-122
少子高齢化　64, 67, 73
所得格差　11, 15, 77
信用　80, 84, 91, 106
スーパー経営者　19, 22
生産価格　53, 54
生産性　34, 41-43, 48-50, 54, 55, 83, 127, 133, 135, 137
生産費説　58, 60
成長率　7, 8, 27-32, 40, 41, 46, 48, 55, 67, 69, 70, 73, 74, 118, 119, 130, 145
政府債務残高　62, 63
世界恐慌　94
世界貨幣　106
世襲資本主義　15, 21, 22, 67
絶対的剰余価値　54, 137
絶対的貧困率　111
相続と贈与　21
相対的剰余価値　54, 137
相対的貧困率　108-111
第1次世界大戦　7, 12, 13, 21, 32, 33, 37, 38, 64, 70, 94
大衆課税　25
第2次世界大戦　12, 13, 21, 23, 63, 64, 85, 94, 106, 132
単純労働　138
長時間労働　122, 135, 136, 138, 140-142
超富裕層　19
貯蓄　40, 41, 70-72
デフレ　9, 84, 119, 125, 126
投下労働　102
東西冷戦　7, 10, 13, 32, 34, 38, 85, 132
投資　31, 32, 40, 41, 46, 70, 72, 82, 84, 117, 118, 120, 127, 128, 132-135, 145
特別剰余価値　49
内部留保　71, 72, 84, 120, 127
ナポレオン戦争　63, 64, 93, 102
ニクソン・ショック　93, 95, 105, 124
バブル　8, 9, 39, 40, 68-70, 74, 76, 115, 116, 129, 132, 133
バブルの崩壊　9, 74, 75, 108, 116, 132, 133, 136
バンコール　106, 107
ピール条例　93
非正規雇用　76, 79, 84, 111-114, 120, 134, 135, 143
必要流通手段量説　102-104, 131
費用曲線　59
平等　7, 10, 12, 13, 15, 23, 51, 53, 57, 136, 137, 139
貧困　9, 108, 109, 111, 145
不換紙幣　105, 106, 130

腐朽性　50
不況　9, 33, 75, 76, 82, 84, 117, 120, 122, 125, 126, 133-135, 145
福祉国家　23
ブタ積み　89, 120
物価　8, 65, 84-90, 93, 96-105, 119, 125, 129
物価　8, 65, 84-90, 93, 96-105, 119, 125, 129
不比例説　83
不変資本　53, 60
富裕税　24, 25
富裕層　11, 12, 18, 19, 21, 75, 76, 108, 115, 116, 120, 121
プライマリーバランス　66, 67
プラザ合意　124, 125, 127
フランス人権宣言　22
不労所得　7, 14, 21, 22, 27, 46, 79
分配　34, 35, 37, 40, 50, 61, 64, 80
ベトナム戦争　95
変動相場制　123-128
マネタリズム　38, 84, 86, 89, 119
唯物史観　50, 51
剰余価値　36, 49, 52-55, 57, 82, 136-138
利潤率の傾向的低下　35, 55
流通手段　102-105, 131
量的緩和　8, 32, 69, 72, 79, 87, 90, 120
累進課税　19, 23, 24
累積債務　63, 66, 67, 129
連続的影響説　98, 99, 101
労働組合　143
労働生産過程　51, 52

労働日　54, 138, 139, 142, 143
労働日をめぐる闘争　54, 138, 139, 142, 143
労働力　42, 43, 52, 53, 55, 57, 59, 82, 83, 122, 134, 137, 142

著者紹介

奥山忠信（おくやま・ただのぶ）

1950年、宮城県生まれ。東北大学経済学部卒。東北大学大学院経済学研究科博士前期課程修了。同博士後期課程単位取得。経済学博士（東北大学）。埼玉大学経済学部講師、助教授、教授。埼玉大学経済学部長。上武大学学長。現在、埼玉学園大学経済経営学部教授。

主要著書
『貨幣理論の形成と展開─価値形態論の理論史的考察』（社会評論社、1990）
『富としての貨幣』（名著出版、1999）
『ジェームズ・ステュアートの貨幣論草稿』（社会評論社、2004）
『貨幣理論の現代的課題─国際通貨の現状と展望』（社会評論社、2013）

貧困と格差──ピケティとマルクスの対話

2016年9月10日　初版第1刷発行

著　者　奥山忠信
発行人　松田健二
装　丁　右澤康之
発行所　株式会社　社会評論社
　　　　東京都文京区本郷 2-3-10　TEL 03（3814）3861
印刷・製本　倉敷印刷株式会社

好評発売中

奥山忠信・著

貨幣理論の現代的課題

● 国際通貨の現状と展望 ●

Current Issues in the Theory of Money
International currencies today and tomorrow

人間が創り出した貨幣を人間が制御できずにいる今日のグローバル金融危機の現状を、貨幣理論の原理的歴史的考察を通して、ラジカルに解明する。

　本書は、貨幣論が今日抱えている問題を包括的に考察し、貨幣システムの今後を展望することを課題とする。貨幣と金融の危機が繰り返され、長期的不況の中で、貨幣の量的な拡大が行われている。貨幣はますます看過できない問題となってきている。
　貨幣数量説は、主流派と言われるマネタリズムの基幹をなす学説であり、その影響力は大きい。経済政策はもちろんのこと、市場主義と言われる経済思想の面でも、その学説は深く浸透している。貨幣数量説に対する考察は、今日の経済学にとって欠かすことのできない課題と言える。

定価：本体2,800円＋税　A5判上製232頁
ISBN978-4-7845-1821-0 C0030